戦国武士たち　下山治久著　有隣堂発行　有隣新書——70

北条家家印「虎の印」 関山文書から
神奈川県立歴史博物館提供

はじめに

関東地方の戦国時代の開幕は『神奈川県史』通史編、その他の歴史書では、伊勢宗瑞（俗称では北条早雲）が伊豆国の西北部に侵攻してきた明応二年（一四九三）秋の時点に設定している。本書も、それに倣っている。しかし、横浜市域の戦国時代の始まりは、それよりは少し早い太田道灌の活躍する長尾景春の乱の最中に起こった小机城（港北区小机町）の戦いから述べる必要がある。

当時の関東地方は、関東管領《かんれい》の山内《やまのうち》上杉氏と、敵対する扇谷《おおぎがやつ》上杉氏とに国衆《くにしゅう》（鎌倉時代以来の大豪族）が分裂して抗争に突入する寸前であった。その抗争の火付け役となる長尾景春の乱は、文明五年（一四七三）六月に山内上杉氏の執事である長尾景信が死去した直後に勃発した。管領の山内上杉顕定はなぜか長尾景信の家督を嫡男の景春とせず、景信の弟忠景にすえた。景春は憤懣やるかたなく、上杉顕定と叔父長尾忠景に対して反乱を起こした。景春は古河公方の足利成氏《しげうじ》と結び、山内上杉氏の内部分裂を誘発した。

長尾景春は勢力を拡大して実力をつけ、文明十四年（一四八二）十一月には、長年にわたり幕府と反目していた古河公方足利政氏の仲介役を果たして、幕府との和睦に成功させる程の実力者となった。長尾景春は扇谷上杉定正と結び、上野・武蔵・相模各国では味方する国衆も多く、上杉定正は、その間に守護大名から戦国大名に脱皮し、相模国と武蔵国南部の橘樹・都筑・久良岐三郡を領国とした。横浜市域もその支配下に入る。

扇谷上杉定正の執事を務めたのは江戸城（東京都千代田区）城主の太田道灌で、なんとか長尾景春の反乱を静めようとして、関東中に出陣して大活躍したが、静めるには到らなかった。太田氏の支配する江戸城周辺に隣接する豊島郡には、国衆の豊島泰経がいて、長尾景春に味方していた。武蔵国南部の三郡は扇谷上杉定正の領内であったが、小机城の矢野氏は長尾景春に味方していた。太田道灌は豊島泰経の石神井城《しやくじい》（東京都練馬区）・平塚城（東京都北区）を攻略したが、泰経は残党を率いて多摩川の丸子（川崎市中原区か）を越えて、小机城の矢野氏と合流し籠城した。

文明十年（一四七八）、太田道灌は小机城を攻略して豊島氏は滅亡した。これをもって長尾景春の乱は、一応の終息をみたが、やがて、文明十八年七月に太田道灌が主君の扇谷上杉定正に糟屋館《かすやのやかた》（神奈川県伊勢原市）で謀殺されてしまう。この事件によって、太田氏は扇谷上杉氏を離反して山内上杉氏に属し、再び関東の国衆は、扇谷上杉と山内上杉の双方に分裂して争う、真の戦国騒乱の時代に突入した。伊勢宗瑞の伊豆国侵攻の七年前である。

なお、ここで本文に入る前に、本文に多出する『小田原衆所領役帳』と『快元僧都記《かいげんそうずき》』について史料的な重要性について紹介しておきたい。

『小田原衆所領役帳』は永禄二年（一五五九）二月に、小田原城当主の北条氏康（伊勢宗瑞の孫）が配下の小机城や玉縄城（神奈川県鎌倉市）・江戸城等の各衆の武士たち五六〇人の知行地と知行役高（人足役の賦課高）を記した侍名簿である。刊本として『戦国遺文・後北条氏編』別巻（東京堂出版刊）を使用して記述した。

『快元僧都記』は伊勢宗瑞の嫡男の北条氏綱が天文二年（一五三三）から総力を上げて行なった鎌倉の鶴岡八幡宮の修築工事の日記で、同九年の完成までを記録している。鎌倉は相模国東郡（旧来の鎌倉郡・高座郡域）に入るため、玉縄城の城領範囲になり、時の玉縄城主北条為昌《ためまさ》（北条氏綱の三男）とその家臣たちが工事現場の監督官として参加した様子を詳細に記している。刊本として『戦国遺文・後北条氏編』補遺編（東京堂出版刊）を使用した。

《目次》

〔北条氏略系図〕 ‖ は養子

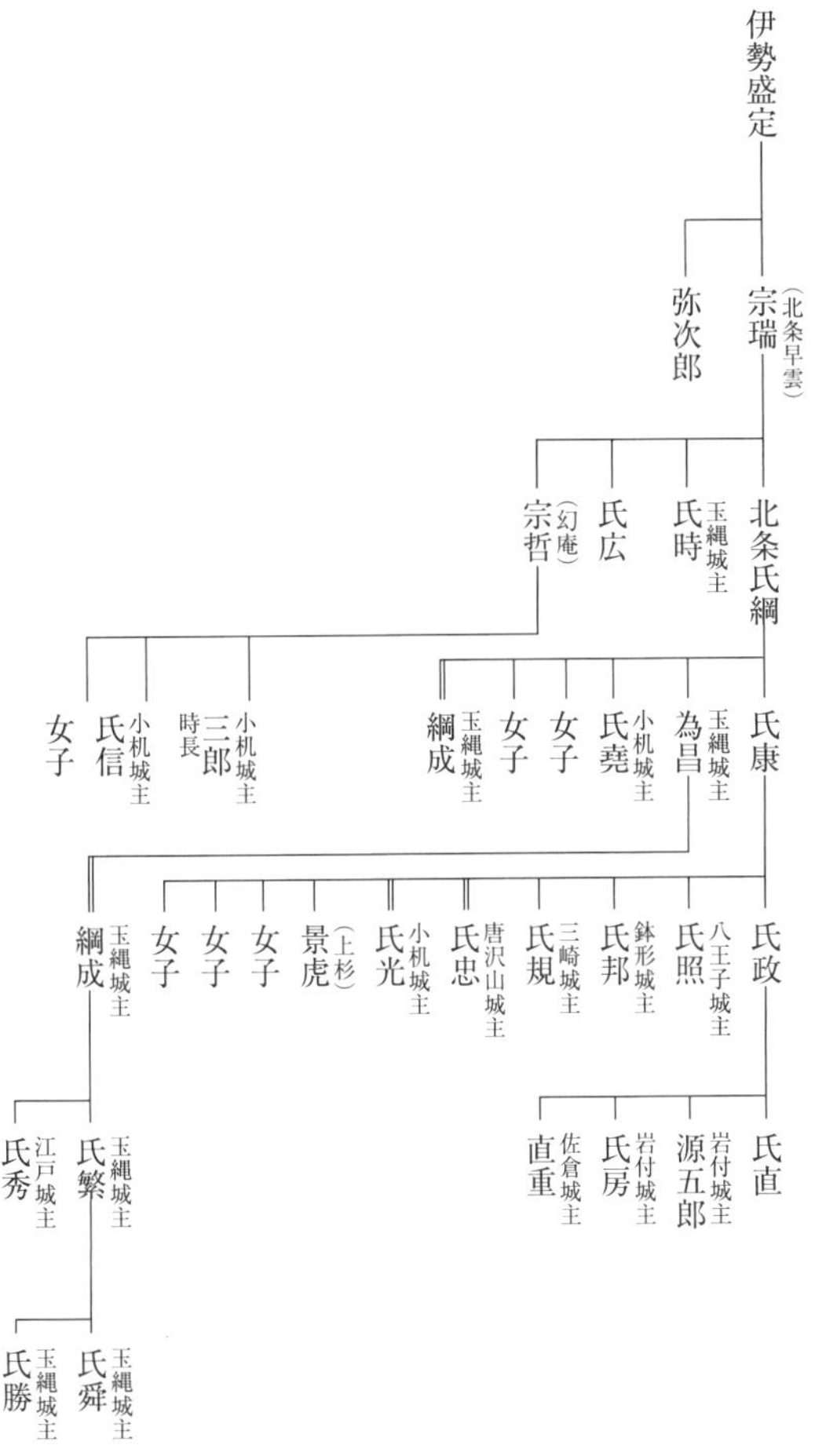

伊勢盛定
宗瑞（北条早雲）
弥次郎
北条氏綱
氏時 玉縄城主
氏広
宗哲（幻庵）
氏康
為昌 玉縄城主
氏尭 小机城主
女子
女子
綱成 玉縄城主
三郎 小机城主 時長
氏信 小机城主
女子
氏政
氏照 八王子城主
氏邦 鉢形城主
氏規 三崎城主
氏忠 唐沢山城主
氏光 小机城主
景虎（上杉）
女子
女子
女子
綱成 玉縄城主
氏直
源五郎 岩付城主
氏房 岩付城主
直重 佐倉城主
氏繁 玉縄城主
氏秀 江戸城主
氏舜 玉縄城主
氏勝 玉縄城主

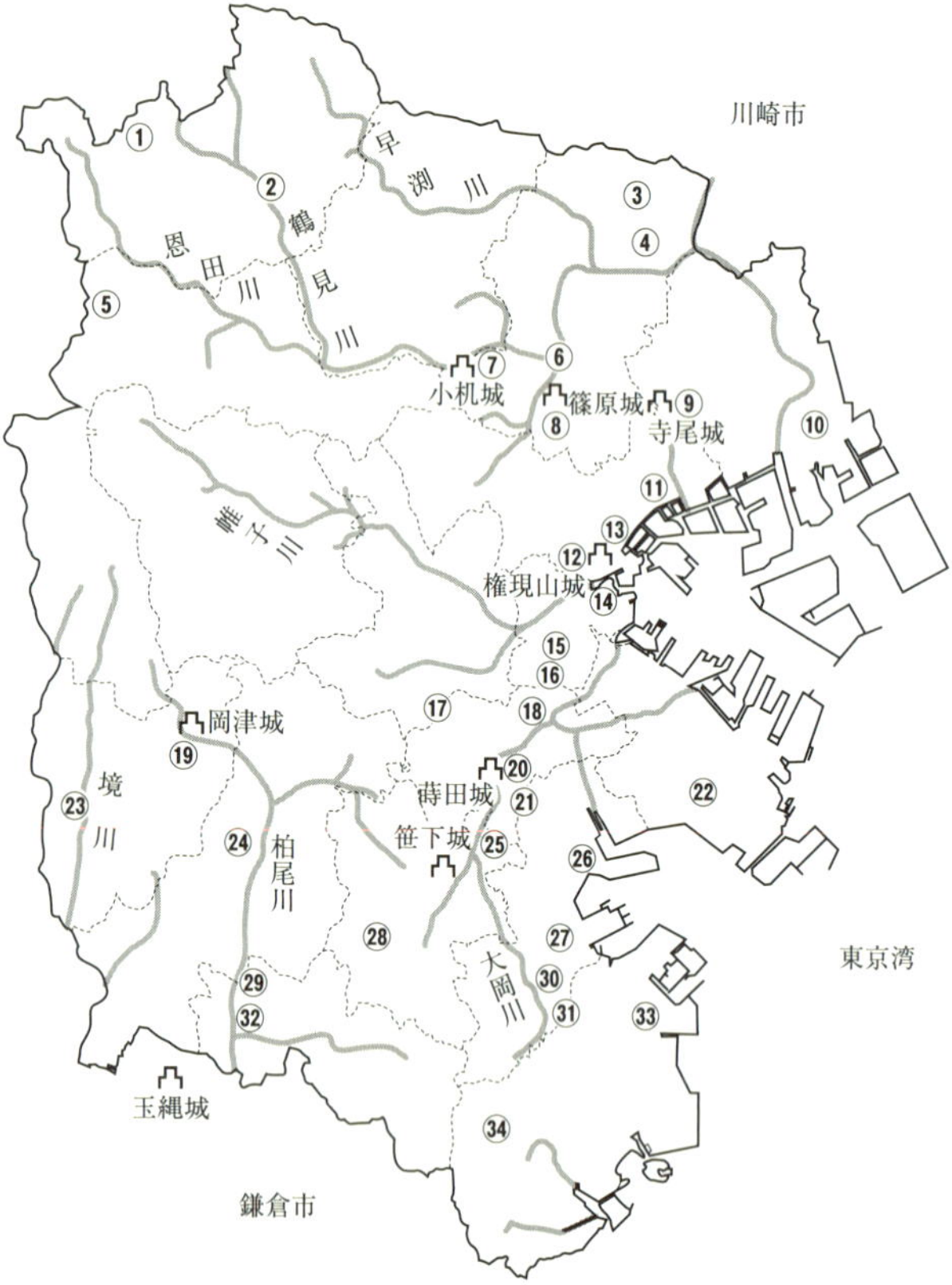

戦国時代、横浜市域の主な北条家家臣の配置図

①大曾根氏 ②上原氏 ③中田氏 ④市野氏 ⑤岡野氏 ⑥小幡氏
⑦笠原氏 ⑧金子氏 ⑨諏訪氏 ⑩太田氏 ⑪関口氏 ⑫多米氏
⑬矢野氏 ⑭上田氏 ⑮上原氏 ⑯大石氏 ⑰服部氏 ⑱朝倉氏
⑲太田氏 ⑳吉良氏 ㉑行方氏 ㉒橋本氏 ㉓笠原氏 ㉔山角氏
㉕萩野氏 ㉖平子氏 ㉗間宮氏 ㉘比企氏 ㉙井出氏 ㉚堀内氏
㉛柳下氏 ㉜松田氏 ㉝関氏 ㉞伊丹氏

第一章
小机城と小机北条氏

小机城址西郭周辺の空堀　平成 23 年撮影　港北区小机町

第一節　小机城と太田道灌

小机城の戦い

　横浜市域の戦国時代を述べるには、その始めとして太田道灌の活躍を無視することはできない。太田道灌といえば江戸城（東京都千代田区）の築城者として著名な武将であり、最後は主君の扇谷上杉定正に暗殺された悲劇の武将として知られている。道灌が横浜市域の歴史に登場するのは、最初は慶運寺（神奈川区神奈川本町）開山の音誉聖観《おんよせいかん》と親しくしていた記録で、聖観はのちの宝徳元年（一四四九）に芝増上寺（東京都港区）の住職に就任している。この就任は道灌の推挙と思えば、道灌の支配圏はかなり早くから神奈川地域に及んでいたのである。江戸城築城の八年も前になる。ついで文明三年（一四七一）六月には道灌が鎌倉の報国寺領である那瀬村（戸塚区名瀬町）に不法を働いたことが報国寺文書に見えている。この文書を出した長尾景信は山内上杉氏の家臣であり、その支配地に道灌が勢力を伸ばしたことになる。

　この五年後の文明八年に、横浜市域をも巻き込んだ関東の大騒乱が勃発した。長尾景春の乱である。景春は道灌と同盟する山内上杉氏の家老長尾景信の嫡男であったが、家督相続のもつれから山内上杉顕定を離反して反乱を起こした。景春は山内上杉方の豊島氏等を味方にすると南武蔵から相模国の国衆も動揺して、それに味方する者も少なくなかった。国衆とは鎌倉時代の地頭等の子孫で、有力な在地の大豪族をさす。鶴見川の軍事拠点である小机城の矢野兵庫助も山内上杉方の武将であるが景春に味方し、道灌と敵対することとなる。

道灌にとって最も危険であったのは江戸城に隣接する豊島氏との抗争で、平塚城（東京都北区）の豊島泰経《としまやすつね》は頑強に道灌に抵抗していた。道灌は文明九年四月に平塚城など豊島方の城を攻略したが、豊島泰経等は相模国方面に逃走し、多摩川の丸子城（川崎市中原区か）を経て小机城に逃げ込んだ。

これを追撃した太田道灌は翌十年正月末に小机城に殺到し、鶴見川対岸に亀甲山城《かめのこやまじょう》（港北区新羽町）を築いて二月六日から小机城を攻めたてた。現在も鶴見川に架かる橋には亀甲橋の名が残っている。小机城では必死の防戦に努めたが、四月十一日には陥落し、矢野氏は逃亡、泰経は行方知らずとなり豊島氏は滅亡した。この戦いで太田勢は城方よりも劣勢であったが、道灌は、

小机は、先ず手習いのはじめにて
　いろはにほへと、ちりぢりになる

との歌を詠んで、攻め手を激励したと伝えている。

太田道灌と横浜との関わり

小机城の落城の前日には宝生寺（南区蒔田町）に依頼していた戦勝祈願の完了を知らせる書類が道灌の許に届けられ、道灌の礼状が宝生寺に残っている。逃亡した矢野氏は神奈川湊の領主で、その後の戦国時代末まで古文書に登場しているので、小机城から逃げ帰ってからも神奈川湊を管理していたとわかる。

また、蒔田の宝生寺には小机城攻めを開始した二月に出された道灌の禁制《きんぜい》が残り、太田氏の軍勢が寺域内で乱暴を働くことを禁止しており、違反する者は厳罰に処すと記されている。禁制とは、味方や敵方の軍勢が進撃してきた時に、村や寺社の安全を保証してもらうために、村や寺社の代表者が軍勢の責任者に発給を依頼したもので、物品や金銭を発給者に献上する必要があった。宝生寺でも住職が道灌の陣中に赴いて、禁制の発給を依頼したとわかる。決して発給者側が積極的に禁制を与える方式ではなかったのである。

この禁制には宝生寺の所在地を「平子郷《たいらこ》の石川」と記しており、戦国時代には蒔田周辺は平子郷と呼ばれる大きな郷の内で、しかも石川（中区石川町の周辺）もその内であった。平子の地名は永正年間（一五〇四～二一）に当地に伊勢宗瑞《そうずい》が入部してくると本牧郷と地名を変えており、現在は平子の地名はまったく残らない。

なお、同じく石川に属した横浜の地名は、嘉吉二年（一四四二）四月の文書に「横浜村の薬師堂」と見えるのを初見とする。この薬師堂は現在も中区元町に残っており、元は横浜村（中区）の増徳院の建物であったが関東大震災で焼失し、増徳院は平楽（南区）に移転し、薬師堂だけは昭和四十六年に元町に復元された。戦国時代の横浜村は、現在の山下公園に沿った海岸通りに面した地にあたり、堀川から桜木町駅の近くの弁天橋までの砂嘴《さし》の発達した細長い海岸線の村であった。当時、現在のみなとみらい線馬車道駅の近くには洲乾島《すかんじま》という岬があり、そこに弁財天を祀る弁天神社があった。横浜村の鎮守として信仰を集め、太田道灌が社殿を再建したと伝える。同社は明治二年に羽衣町（中区）に移転した。横浜村の住民は幕末の横浜開港と共に、現在の元町の地に移転させられた。

このようにして一〇年間も続いた長尾景春の乱は、道灌の活躍で小机城を陥落させ、一応は終息したが、景春方の国衆の抵抗は続き、関東地方は戦国時代に突入することとなり、横浜市域の武士たちも大きく移動する結果となった。

第二節　伊勢宗瑞と笠原氏

伊勢宗瑞（北条早雲）の登場

太田道灌は文明十八年（一四八六）七月に主君の扇谷上杉定正から謀叛の嫌疑をうけ、伊勢原市糟屋《かすや》の守護館で暗殺された。あまりに扇谷上杉家と山内上杉家中での人気が高くなり、それを定正の家臣たちが妬んだ結果とも、山内上杉顕定と定正との共謀によることともいわれているが、確定的ではない。

この頃、京都の幕府では将軍足利義尚《よしひさ》に側近として仕える伊勢新九郎盛時（のちの伊勢宗瑞・北条早雲）という武士がいた。盛時は備中国高越山城（岡山県井原市）の城主伊勢盛定の息子で、若くして京都に出て幕府に仕えていた。幕府では申次衆《もうしつぎしゅう》という役職で、来訪者を将軍に取り次ぐ役である。来訪者との接触で諸国の情報に精通できる立場にあった。その後の延徳三年（一四九一）四月に、かつて幕府が関東に派遣した伊豆国堀越御所（静岡県伊豆の国市）の足利政知が死去した。駿河国の大名の今川義忠の夫人は盛時の姉妹であったから、その子（今川氏親）は盛時の甥になる。今川義忠は太田道灌や足利政知と近しく、盛時もその仲間であった。政知が死去すると、嫡男の足利茶々丸は政知の後室円満院とその子の潤童子《じゅんどうじ》を殺害し、堀越公方の地位についた。伊豆守護職の山内上杉氏は茶々丸に味方し、政知の遺児清晃《せいこう》は茶々丸に敵対したから伊豆国は大騒動となり、戦国の騒乱に突入する。

京都では将軍家の管領細川政元が力を得ており、時の将軍足利義材《よしき》を追放して政知の遺児の清晃を将軍職に推すという政変が密かに計画されていた。このクーデターは明応二年（一四九三）四月に成功し、清晃は将軍職に就き足利義澄《よしずみ》と名乗った。

北条早雲画像　箱根町湯本・早雲寺蔵

今川義忠が遠江国で戦死したため、その子の氏親を補佐するために今川家の家臣となった伊勢盛時は、駿河国の興国寺城（静岡県沼津市）の城主となり、隣接する伊豆国の状況を足利義澄に報告していた。義澄は実母の円満院と弟の潤童子を殺害した足利茶々丸への復讐を盛時に命じ、伊豆国への侵攻を許可した。

盛時は円満院と潤童子の三回忌が営まれた明応二年七月には入道して早雲庵宗瑞と名乗ると、相模国守護職の扇谷上杉定正と連携して九月に伊豆国へと侵攻し

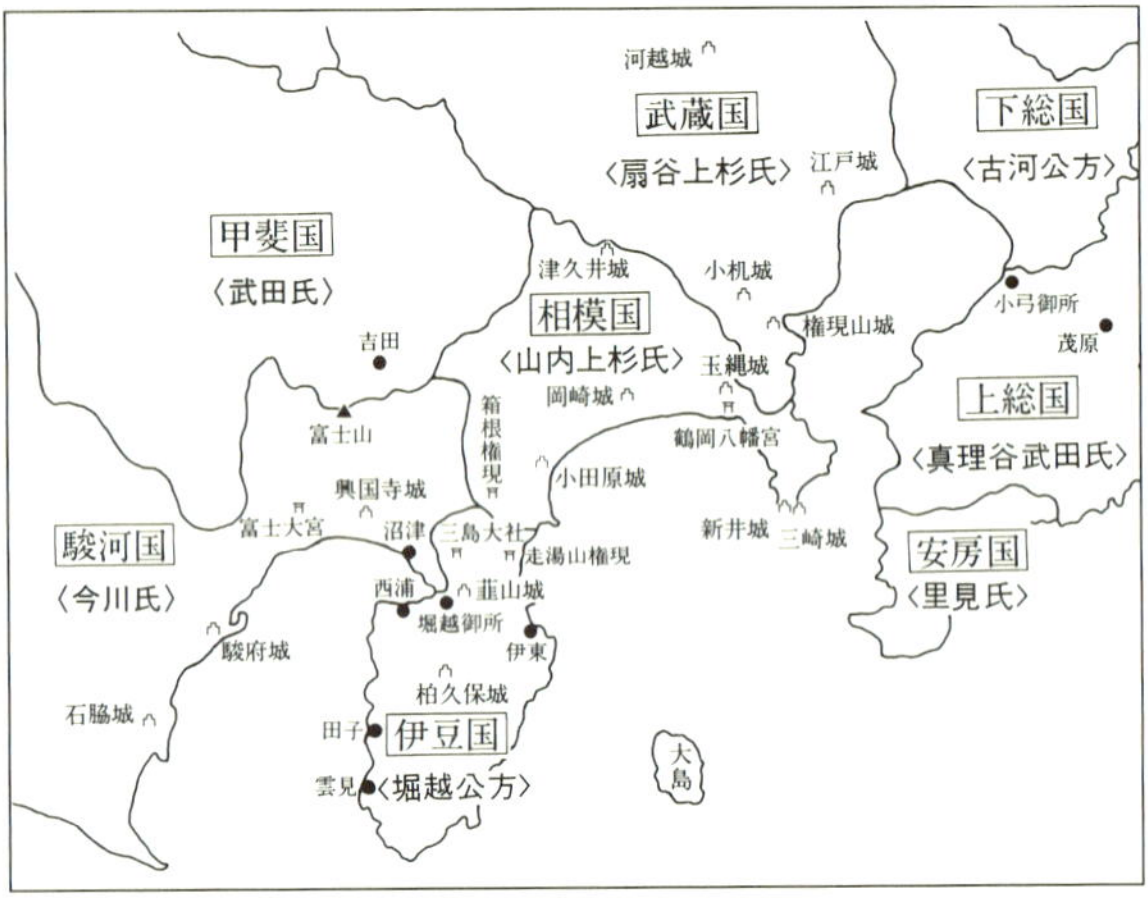

伊勢宗瑞の伊豆侵攻時の南関東勢力図

た。

駿河国から伊豆西海岸に侵攻した伊勢宗瑞の軍勢は、今川家の軍勢を主力としたが、その中には三河国多米郷（愛知県豊橋市）の国衆である多米玄蕃允元益《ためげんばのじょうもとます》がいた。元益はのちに伊勢宗瑞の家臣として青木城（神奈川区高島台）の城主となり活躍する。また、宗瑞自身の家臣もおり、伊豆国の出身といわれる笠原氏は実は宗瑞の生まれた備中国荏原庄（岡山県井原市）の国衆で、伊勢家の根本被官《こんぽんひかん》であり、宗瑞の古参家臣の一人である。笠原氏は宗瑞と共に伊豆国に侵攻し、本家は伊豆郡代に登用され、分家がのちに小机城の城代に就任している。

伊豆国に侵攻した伊勢宗瑞は、堀越公方の足利茶々丸・山内上杉氏の勢力を駆逐しつつ伊豆半島の平定を進め、扇谷上杉定正との同盟から相模国の山内上杉氏の勢力とも戦いながら相模国にも侵攻した。相模国には小田原城（神奈川県小田原市）の大森実頼、岡崎城（神奈川県平塚市）に三浦道寸《どうすん》がいたが、最初は伊勢宗瑞に味方したものの、のちには宗瑞と敵対し、宗瑞に攻められて滅亡する。宗瑞が今川氏親・扇谷上杉朝良と共に山内上杉顕定に決戦を挑んで敗走したのは永正元年（一五〇四）九月、同年十二月には宗瑞に味方した山内上杉方の実田《さなだ》要害（平塚市）の上田正忠も上杉顕定に敗れ、宗瑞の相模国侵攻は順調なものではなく難航した。上田正忠は、のちに宗瑞の家臣として権現山城（神奈川城＝神奈川区幸ヶ谷）の城主に就任する。三浦道寸を三浦半島の三崎城（新井城＝神奈川県三浦市）に追い詰めて攻略した永正十三年まで、宗瑞の横浜市域への支配は完全には及ばなかった。

〔上杉氏略系図〕

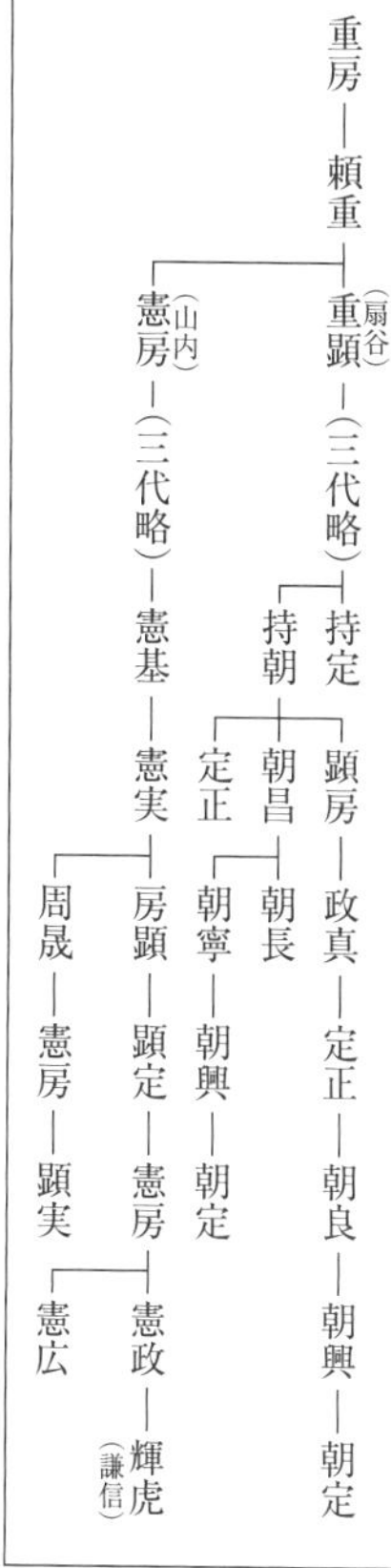

それでも永正九年（一五一二）六月に両上杉氏に再度決戦を挑んだ宗瑞は相

模国中央部を抑える三浦道寸を岡崎城に破って鎌倉方面に敗走させ、鎌倉に進出することに成功した。さらに鎌倉の北方の柏尾川の段丘上に玉縄城（神奈川県鎌倉市）を復興して三浦半島への抑えとし、両上杉氏と三浦氏勢力を遮断した。同年十二月には横浜市域の中心部東岸の本牧岬に軍勢を進めており、一時的に横浜市域に進出することに成功した。しかし、横浜市域を完全に支配するのは宗瑞の息子の北条氏綱の時代であり、この時の本牧岬への進出は、あくまでも一時的な軍勢の進出であった。

しかし、この時には相模国東部まで宗瑞の勢力が及んだことは確実で、武蔵国との国境の境川にまで宗瑞の勢力は到達していたと想像される。のちのことになるが、玉縄城の支配範囲は相模国東郡（古代以来の高座郡・鎌倉郡の範囲）と武蔵国久良岐郡（横浜市南部の湾岸地域）に展開した。相模川以東から大岡川流域に当たる。

なお、宗瑞の嫡男伊勢氏綱は、宗瑞の死去後四年たった大永三年（一五二三）に北条氏綱と改姓した。鎌倉幕府の執権北条氏が関東統治の副将軍職（＝執権職）であったのにならったためと言われている。北条姓の史料の初見は同年九月の『後法成寺関白記』（近衛尚通の日記）である。

小机城代の笠原信為

前述のように、伊勢宗瑞の一番の古参家臣と思われる笠原氏は、宗瑞と共に今川義忠に仕え、今川氏親の時には宗瑞の側近として興国寺城（静岡県沼津市）に居て、宗瑞の伊豆侵攻に従って伊豆に入部した。笠原氏は三家に分流して北条氏に仕えた。宗瑞の孫の北条氏康の永禄二年（一五五九）には、笠原康明が伊豆国奈古屋（静岡県伊豆の国市）を本拠に相模国泉郷（泉区）・小机八朔（緑区）等で知行を受けている（『小田原衆所領役帳』）。分家の小机城代の笠原平左衛門尉は小机師岡（港北区）を本拠とした。もう一つの分家の笠原綱信は伊豆衆の筆頭として伊豆国矢田（静岡県三島市）を本拠とした。伝承では宗瑞に従ったのは笠原信隆で、その子が笠原信為であるという（『臥龍山雲松院起立記』）。残念ながら笠原氏の小机入城の年代は判明していない。

笠原氏歴代の墓所　港北区小机町・雲松院

小机城下には曹洞宗の雲松院があり、寺の背後の墓地には笠原氏の墓石が並んでいる。信隆の確実な史料は残っていないが、嫡男信為の史料は残っている。雲松院所蔵の享禄二年（一五二九）十二月の信為判物《はんもつ》では、同寺の熊野堂に早雲寺殿（北条早雲）の菩提料所として五貫文の土地

〔北条氏の家臣団組織図〕

小田原城

- 宿老
- 評定衆―担当奉行（家財奉行など）
- 奉行衆―郡代
- 小田原衆―奉行（検地奉行・反銭奉行など）
- 一族衆（支城主）―奉行・代官―侍―名主―百姓
- 玉縄衆・鎌倉代官―小代官
- 他国衆（支城主）―奉行・代官―侍―名主―百姓
- 職人衆―職人頭―奉行―手代―職人
- 寺社奉行―寺社
- 直轄
  - 本城奉行衆―家財奉行など―支城衆―奉行・代官―侍
  - 御馬廻衆―奉行・代官（御領所）―代官・小代官―名主―百姓
  - 侍大将―軍奉行―槍奉行・兵糧奉行・鉄砲奉行など

を寄進しており、信隆・信為父子が伊勢宗瑞の家臣との証明になっている。

北条氏時代の小机城主は北条為昌―北条三郎―北条氏堯《うじたか》―北条氏信―北条氏光と続いたが、為昌は玉縄城主でもあり、橘樹・都筑両郡が小机城支配領域であった。為昌は小机城主ではないという。信為は為昌にも仕えた。天文二年（一五三三）から北条氏綱によって開始された鎌倉の鶴岡八幡宮の造営工事には、鎌倉が相模国東郡に含まれることから、玉縄城主を兼務した北条為昌の家臣団が監督官を務めたため、笠原信為はその前年から行われた鶴岡八幡宮境内の古木の調査に加わり、造営工事中は北条為昌の片腕として活躍した（『快元僧都記』）。時の北条氏当主は北条氏綱で、本城の小田原城にいたが、信為はしばしば小田原城に行って氏綱の指示を受けている。

この工事は鶴岡八幡宮が関東の諸大名の信仰の原点に当たるため、北条氏としても関東制覇の意気を示す重要な工事として、全力を投入して行っていた。信為は天文三年二月には造営総奉行七人の一人に選ばれて工事を監督した。いかに北条氏の信頼を得ていた重臣かがわかる。

笠原信為は小机城領支配にも力を発揮し、神奈川湊（神奈川区）の矢野氏や、六角橋（神奈川区）が玉縄城か小机城かの帰属が問題になった際も小机城の城領と主張している。天文七年九月末には房総の里見義堯《よしたか》と北条氏綱との合戦に小机衆を率いて参陣し、北条勢の勝利に寄与している。天文十五年十二月の北条氏康判物写（雲松院文書）では、信為の嫡男弥太郎（のちの平左衛門尉）に小机筋の師岡郷（港北区）を父信為の譲状のごとく知行を認めており、この頃に信為は死去したものと判明する。なお、信為の夫人は小机本郷（緑区東本郷）の法昌寺の開基で、同寺を菩提寺とした。

『小田原衆所領役帳』には、小机衆として北条三郎（北条幻庵の嫡男）を筆頭に神田・曾根・二宮・吉田・市野・田中・福田・高田・猿渡《さわたり》・座間・石原・堂村・岩本・中田・井田・長谷川・

座間・村島・上田・増田と笠原一族の平左衛門尉・弥十郎の合計二六人、別に北条氏堯衆として、氏堯を筆頭に内藤・大藤《だいとう》・高井の三氏が見えている。合計知行役高は五五〇〇貫文程で、主な知行地は鶴見川と支流の恩田川・早渕川・矢上川・大熊川等の流域に展開していた。

第三節　鶴見川流域の武士たち

小机城主の北条三郎

戦国時代に小机領の展開した鶴見川と支流流域には多くの郷村が開け、そこの武士たちは小机衆として小机北条氏に仕えていた。小机領は横浜市域の鶴見・港北・保土ヶ谷・都筑・青葉・緑・旭の各区域に当たる。多くの武士の軌跡を全ては紹介できないが、主な者を摘出して紹介しておこう。歴代の小机城主には数奇な運命をたどった人も少なくない。その中から北条三郎と北条氏光を紹介し、郷村の武士では矢上（港北区日吉）の中田氏、寺家（青葉区）の大曽根氏、長津田（緑区）の岡野氏の軌跡もたどることとする。

北条三郎は伊勢宗瑞の四男幻庵の嫡男で、母は栖徳寺殿と号した幻庵の正室であった。北条幻庵の居城は小田原城外の久野にあり、幻庵とその子孫は久野北条氏と呼ばれている。天文十五年（一五四六）十二月頃に小机城代の笠原信為が死去（もしくは引退）すると三郎が小机城主に就任し、鶴見川地域の支配に当たった。『小田原衆所領役帳』では小机衆の筆頭に見え、その知行地は、小机本郷を本拠に、鳥山（港北区）・保土ヶ谷（保土ヶ谷区）・鴨居（緑区）・荏下《えのした》（緑区新治町）・恩田（青葉区）の各地に散在し、合計知行役は一六二二貫文に上った。かなりの高額である。北条氏は田畠の面積を貫高制で表記した。基本的には田一反は五〇〇文、畠一反は一六五文の計算である。三郎の知行役高は、すべて田と計算すれば三二四四反＝三二四町余となる。

このほか、同書には小机城の直轄領として猿山（緑区上山町）・八朔（緑区）・小机本郷・篠原（港北区）が見えており、それぞれの郷村に代官名が記されている。

篠原については、平成二十二年に中世の城址として知られていた篠原城址の発掘調査が行われ、堀址二条と土器が出土した。城址は東海道新幹線新横浜駅の北東に隣接した

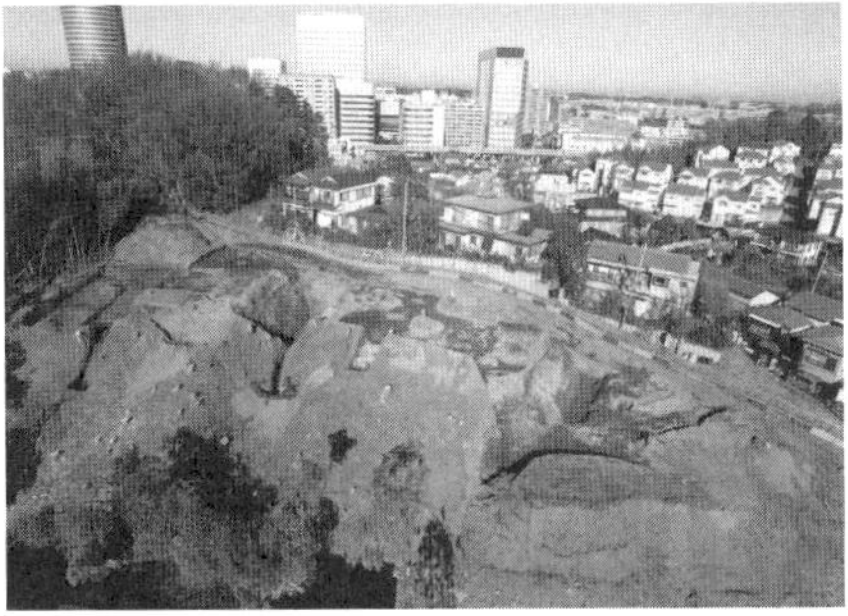

篠原城址　平成22年撮影　港北区篠原町
横浜市教育委員会提供

丘陵上に位置しており、旧くから金子出雲の城と伝承されていて、金子城址とも呼ばれていた。『新編武蔵風土記稿』篠原村にも古城跡があり「昔の代官金子出雲の塁跡なりと云えり」と紹介されている。近くの長福寺の薬師如来は「代官金子出雲が持たりし」と伝えると記していた。さらに篠原村の旧家者の丸兵衛は「金子氏にて代々ここに居れり、金子出雲の子孫なり」とある。

そのことを証明するかのように、近年、長福寺の本尊薬師如来像の胎内から江戸時代初期の文禄四年（一五九五）銘の札が発見され「名主、金子出雲守、同大炊助」とあったのである。金子氏は戦国時代には小机城の直轄領代官で江戸初期には篠原村の名主を務め、幕末にも子孫が続いていたと判明したのである。

さて、『篠原城址発掘調査報告書』によれば、出土した土器は十五世紀末から十六世紀のもので、戦国初期の上杉氏の時代の城址らしいと記している。その重臣の長尾忠景が神奈川権現山城で活躍を始める頃である（第二章第一節参照）。鎌倉の円覚寺雲頂庵の文書に忠景は小机領の年貢を催促したところ、成田三河入道が田畠の不作で納められないと詫びてきたと見える。先述した『小田原衆所領役帳』篠原等四か村の代官は「元成田衆」とあり、金子出雲守は、もとは小机城にもいた長尾忠景の家臣成田三河入道の代官として篠原を治めていたと推定される。忠景は伊勢宗瑞が横浜市域に侵攻してくる直前の文亀元年（一五〇一）に死去しているから、篠原城の存在した時期に重なるのである。永正七年（一五一〇）七月に権現山城を攻めた上杉勢の一員に成田某が見えており、もしくは篠原城主は成田氏であったかもわからない。しかし、確証はない。いずれにせよ、小机城の支城であることは間違いなかろう。

北条三郎の実名は未だに不明である。三郎の存在が明確に歴史研究者に認識されたのは最近のことで、黒田基樹氏の研究成果による。それまで北条三郎は、武蔵国江戸城主の北条氏秀（北条綱成《つなしげ》の次男）のことと誤解されていた。氏秀は上杉謙信の養子となり越後国におもむき、上杉景勝と家督を争って御館の乱で敗死した上杉景虎であると信じられていた。ところが、氏秀と景虎は全くの別人と判明し、景虎は北条氏康の七男で幻庵の養子となった三郎某のことと判明した。しかも、三郎某（のちの上杉景虎）と三郎とは、これも別人と判明している。三郎の実名が解決できないことからの誤解で、多くの歴史書では未だに氏秀＝景虎の説は誤解されたままである。

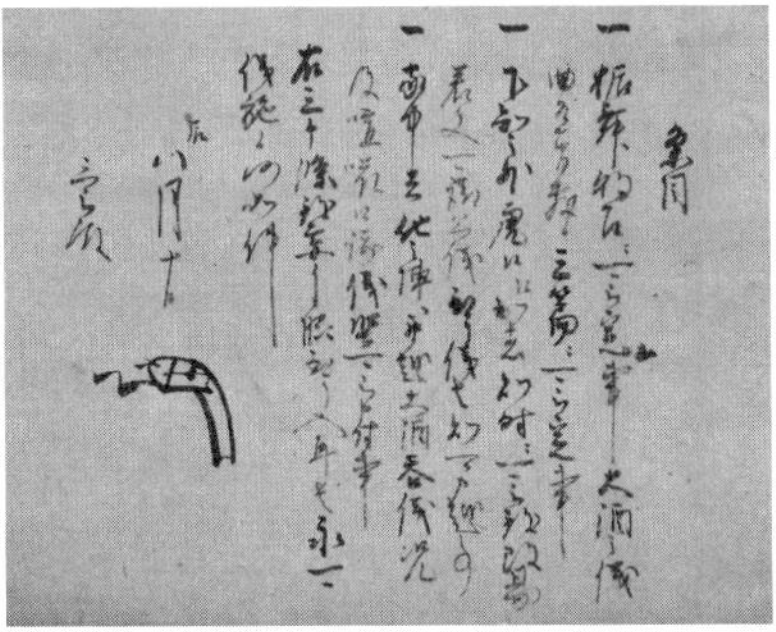

北条氏康判物（北条三郎宛）　弘治2年（1556）8月　神奈川県立歴史博物館蔵

さて、小机城主の北条三郎は、史料には弘治二年（一五五六）八月の北条氏康文書に初見する（神奈川県立歴史博物館所蔵北条家文書）。三郎が小机城主の時のもので、氏康が実父として息子三郎に宛てた訓戒状である。

北条時長（北条三郎か）**画像**　小田原市風祭・宝泉寺蔵　神奈川県立歴史博物館提供

三か条にわたる訓戒で、第一条は、家臣との振る舞い酒は朝に飲むこととし、日中の大酒を飲むことを禁止させ、三杯を限度とすること。第二条は、命令無くして城の出口を出る者は、即時に改易にすること。第三条は、小机家中の者が他の陣場で大酒を飲むことや喧嘩沙汰を厳禁させること。もしも、この訓戒を守らなければ親子の縁を切ると厳しく通告した。この四年後に三郎は死去していることから、大酒がたたった結果と推測できる。

ついで、三郎の名は永禄元年（一五五八）四月の『鶴岡八幡宮社参記』に登場する。この時に、古河公方の足利義氏が鎌倉の鶴岡八幡宮に参詣した。二十八日に小田原城に来訪して北条氏康からの祝宴に臨んだ時の記録で、祝宴の接待役として笠原綱信と共に見えている。綱信は笠原信為の一族で、伊豆郡代を務めた人物である。三郎は永禄三年七月に死去し、北条幻庵は小田原城北方の風祭（神奈川県小田原市）に宝泉寺を建てて菩提寺とした。寺の記録には三郎は実名を時長、法号を宝泉寺殿としている。同寺には元亀三年（一五七二）四月の寺境内図が残っており、その三方には北条幻庵の朱印が捺印されていて、寺への制札はそこに立てるべしと幻庵が裏書きしている。このことからも三郎が幻庵の嫡子と判明する。三郎の跡は北条氏堯が小机城主を継いだ。

北条氏堯と小机城

小机城の歴代城主が北条為昌を別として、幻庵の子孫であることを、是非とも述べなくてはならない。小机城主については、すでに北条為昌―北条三郎―北条氏堯―北条氏信―北条氏光と続いたと紹介した。ここでは幻庵の後見を受けた北条氏堯の軌跡を紹介してみよう。

北条氏堯については、最近までは謎に包まれた武将として扱われていた。しかし、近年の黒田基樹氏等の研究成果で、次第にその軌跡が解明されている。それによれば、北条氏堯は北条氏綱の四男として大永二年（一五二二）に生まれた。官途《かんと》（朝廷での位官）は左衛門佐を称し、古文書は天文二十四年（弘治元年・一五五五）を初見として、一二通が確認されており、終見は永禄五年（一五六二）八月である。永禄四年頃に北条三郎の跡を継いだ氏信が駿河国蒲原城（静岡市清水区）城主に転出したため、北条氏堯が小机城主に就任した。幻庵の孫でもない氏堯が、何故に小机城主に就任したのであろうか。そのことは初見頃の文書が深く関係している。

初見文書の次の天文二十四年六月の氏堯文書によれば、上野国平井城（群馬県藤岡市）城下の長吏が敵方に内通したため、代わりの者を任命した内容で、同日付で北条幻庵が同文の文書を発給している。この頃には北条幻庵は、敵対する上杉憲政の平井城を接収して、その城領支配に関わっており、北条氏堯も同様であった。北条氏堯は幻庵の後見を受ける立場であったと推測させる。その関係から、幻庵の嫡男三郎が永禄三年（一五六〇）七月に死去して、小机城主を退いた後に、北条氏堯が小机城主に就任したという次第であろう。その証拠に、氏堯の発給文書では、永禄四年閏三月に小机城下の雲松院に制札を出しており、奉者（文書の取次役）を高井大炊助が務めている。高井大炊助は北条幻庵と交流のあった歌人の高井堯慶《ぎょうけい》の一族の可能性がある。氏堯は永禄五年八月をもって史料から消えている。その翌年の四月に死去したと思われる。

北条氏堯の知行については、『小田原衆所領役帳』御家中衆として左衛門佐殿（北条氏堯）が見られる。合計一一六八貫文の知行役高のうち、二〇〇貫文は武蔵国綱島（港北区）・箕輪（港北区）の知行役であり、小机城主に就任以前から、同城の周辺に知行地を持っていたとわかる。

北条氏堯の文書で、小机領に関する文書は三通しか確認されていない。永禄四年閏三月の雲松院への制札では、寺中と門前の竹木伐採と不法を禁止し、不法の者は逮捕して笠原平左衛門尉に引き渡すことを命じた。笠原平左衛門尉は小机城代の笠原信為の嫡男で、平左衛門尉は北条氏堯の時には父に代わって城代を務めていた。

永禄四年閏三月二十七日の北条氏堯感状では、河越城（埼玉県川越市）をめぐる上杉謙信との戦いで、駿河国の今川氏真の家臣の畑彦十郎が北条氏政への加勢として同城に籠城した功績を讃えて感状を与えた。小机衆が河越城で上杉勢相手に活躍したとわかる。河越城は元は北条為昌の城で、その死去後は大道寺氏が城代で、北条幻庵が後見していたらしい。そのために北条氏堯の感状が出されたものと推測される。当文書には「左衛門佐氏堯」と署名しており、外来の武将への丁寧さを示している。

三通目は、永禄四年八月の市野善次郎に宛てた判物である。市野善次郎は小机衆の一人で、次の北条氏光の項で紹介する。北条氏堯は小机城主としては短期間の活動であったが、数少ない小机城領での実際の支配文書を残しており、貴重な史料であると思われる。

北条氏信・氏光の軌跡

北条氏堯の跡は北条幻庵の次男の北条氏信が小机城主を継いだ。永禄五年末の頃と思われる。しかし、氏信は、それ以前から武田信玄の駿河進入にそなえて、同国蒲原城（静岡市清水区）の城将に就任していた。氏信は現在確認されている文書も三通と少なく、しかもすべて蒲原城関係の内容であり、氏信の小机城領支配については不明である。氏信は永禄十二年十二月に武田信玄に蒲原城を攻略されて全滅し、討ち死にした。

北条氏信の蒲原城在城中の小机城支配は、城代の笠原平左衛門尉が治めていたらしい。氏信の跡は北条氏光が第四代小机城主に就任した。北条氏堯の次男の氏光は北条氏康の養子となり、小机城主に任命されたという。氏光は相模国足柄城（神奈川県南足柄市）の城将も兼務していた。同時に伊豆国戸倉城（静岡県清水町）の城将も務めており、多忙であった。

氏光の正室は、北条幻庵の娘で、のち越後におもむいた北条三郎（のちの上杉景虎）の正室であったが、離縁して氏光と再婚した。とにかく小机城主は歴代が北条幻庵と強い血縁関係を維持していたといえる。

北条氏光の古文書は現在、合計五〇通と多く残っているが、その六割が伊豆国北部関係である。それは、氏光が当初から伊豆国戸倉城の城将を兼務していたためで、戸倉城から発給した氏光文書の奉者には小机城の側近家臣である真田・深沢・菊地・二宮・柳下の各氏が務めていた。小机城から小机領に発給した氏光文書の奉者には沼上・笠原・苅部《かりべ》・興津《おきつ》等が見えている。小机城と戸倉城とでは奉行衆を分けていたと判明する。小机城の笠原某は笠原信為の嫡男平左衛門尉で、同城の城代を務めた。氏光が戸倉城に詰めていた時には平左衛門尉が小机城の留守を預かる責任者であった。小机城領に宛てた氏光の文書をいくつか紹介しておこう。

元亀三年（一五七二）閏正月に駒林（港北区日吉本町）の知行主の市野善次郎に宛てて、駒林の給田一〇貫文分の軍役を指示し、自身は騎馬に乗り、二間半の長槍を持った足軽一人を引率せようとした。善次郎自身の軍装備は、兜には大立物（古来からの鎌形の飾り）に面肪《めんぼう》（鉄仮面）・手甲・具足を着し、背旗を差して白なへ・吹き流しを装着した華麗な軍装であった。小机衆と判明する合印を付けているのが小机衆の軍法であると規定している。この文書により、出陣する小机衆の様子が彷彿として貴重である。この文書には氏光の朱印「桐圭」が捺印されており、一族衆の守る重要な支城である小机城の権限を示している。

なお、『小田原衆所領役帳』では北条三郎の家臣として、市野弥次郎が駒林で知行役高が四四貫弱と見える。この高は人足役の賦課基準を示すもので、郷村の生産高を示すものではないが、弥次郎が善次郎と同一人物とするならば、その軍役は、その数倍になる人数であったと推定される。『小田原衆所領役帳』には市野氏は弥次郎の他に助太郎・四郎左衛門が赤羽根（神奈川県茅ヶ崎市）の知行主として見えている。共に北条三郎の家臣であり、一族の者であろう。江戸時代の駒林村には金蔵寺があり、その境内には寺子屋の師匠市野善兵衛の筆子が奉納した灯籠があったという。市野善次郎の子孫と思われる。駒林村の村名は明治二十二年に日吉村の成立で消滅し、日吉本町となった。東急東横線の日吉駅に近い慶應義塾大学日吉校舎の周辺である。

鶴見川の支流の恩田川流域に佐江戸村（都筑区）がある。戦国時代には佐江戸村は北条氏の直轄領の一部と、残りは北条氏光の小机領に属していた。天正十一年（一五八三）十二月の氏光朱印状写では、当村領主の板部岡江雪斎（融成《ゆうせい》）の代官・百姓に、百姓の軍役と小田原城の普請人足役等の賦課を免除した。なぜ、氏光の家臣でない小田原城の重臣である板部岡江雪斎の代官が当村の代官を務めていたのだろうか。『小田原衆所領役帳』の北条三郎の記載には「もと田中知行を買い得」と見える。この田中氏は伊勢宗瑞に滅ぼされた伊豆国の豪族で、その一族が北条氏綱の家臣として小田原城におり、相模国の名族の板部岡氏の家督を継いで江雪斎が重臣となった経緯がある。永禄二年の段階では田中氏の知行分は北条氏康に収公され、北条氏の直轄領であったと推定される。佐江戸村も元は田中氏の知行地ではなかろうか。佐江戸村は全域が北条氏の直轄領であったわけではなく、猿渡氏の知行地として四八貫文が存在した。猿渡氏の居館は当村の西北の平台にあり、その塁蹟が江戸後期にも所在したという（『新編武蔵風土記稿』）。板部岡江雪斎については、長津田（緑区）の岡野氏として第三節で後述する。

矢上の領主の中田氏

矢上（港北区日吉）の知行主（領主）は『小田原衆所領役帳』では小机衆の中田加賀守で、現在の日吉五丁目の熊野堂に矢上城址があり、中田氏の居城址と伝えている。加賀守は他に川島（保土ヶ谷区）も知行していた。知行役高は合計一五貫文と少ないが、城の主であり、小机城の重臣として各種の奉行を務めていることから、人足役を免除されて記載されない知行地もかなり持っていたと想像させる。加賀守は小机城主の北条氏尭・氏光に仕えた。古文書での初見は元亀三年（一五七二）十一月の北条氏光朱印状で、小机城下の雲松院の寺領である鳥山（港北区）の内の神台地（神太寺）分の検地を施行した時に、久米玄蕃助・武図《たけず》書助《しよのすけ》と共に検地奉行を務めている。本文には同地の田数は二町一反余、貫高では一反五〇〇文計算で一〇貫九〇〇文、畠数は七反余、貫高では一反一六五文計算で一貫二〇〇文と検地高を打ち出している。検地分の合計貫高は一二貫余、元の生産高は一二貫文とある。年貢と諸役は総合計の二九貫八〇〇文に賦課すると明記している。北条氏の貫高計算の算出方法を知る貴重な内容である。また、『小田原衆所領役帳』には久米氏と武氏の名前は見えておらず、同帳には小机衆が全員記載されているのではないと判明する。

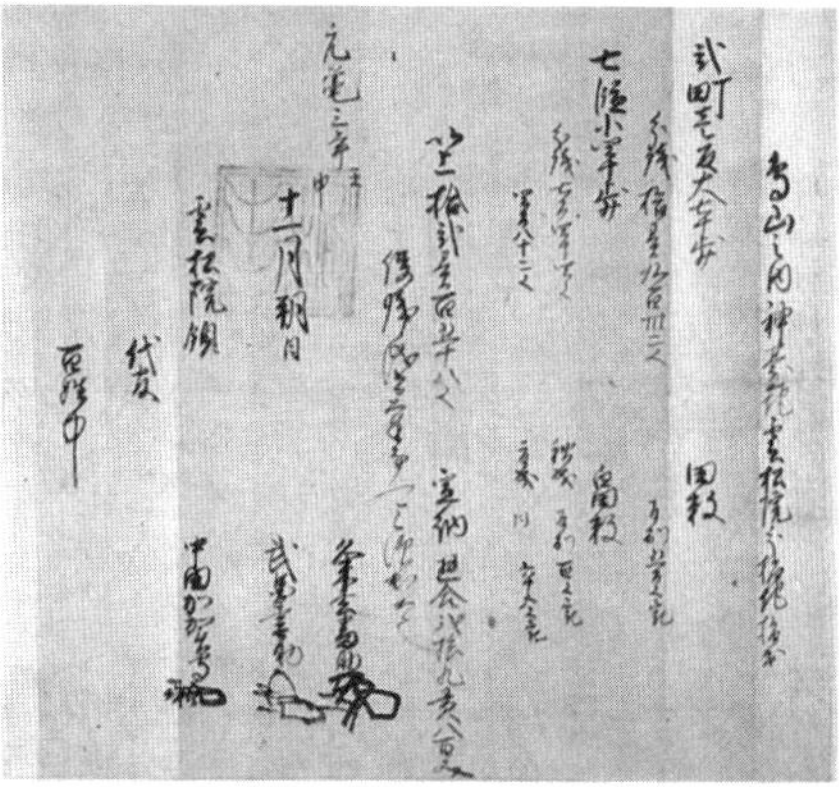

北条氏光朱印状　元亀3年（1572）11月　港北区小机町・雲松院蔵

　天正三年（一五七五）九月の北条家朱印状写に、早渕川の氾濫で洪水が起こり、駒林の小代官・百姓に反銭と懸銭の半分免除を許可した。その時の奉行は中田加賀守が務めている。反銭は田の耕作税、懸銭は畠の耕作税である。天正十三年九月には氏光が恩田郷（青葉区）に検地を施行し、その検地にも小山筑前入道と加賀守の代官の柴崎但馬守が奉行を務めた。

この郷村には代官と名主・定使《じょうづかい》がおり、小机城の直轄領支配の代官と知行主領の名主、小田原城の命令を郷内に伝える定使の給料分は年貢から差し引かれている。当郷にも年貢の他に北条氏の基本三税である反銭《たんせん》・懸銭《かけせん》・棟別銭《むなべっせん》が賦課されていたことが本文に見えている。棟別銭は農民や武士の家にかかる家屋税である。

当郷の知行主は北条氏光自身である。中田加賀守は北条氏の滅亡した天正十八年（一五九〇）に矢上村に土着し、その年に死去して村内の保福寺に葬られた。中田氏の屋敷（矢上城）は日吉町の慶應義塾大学日吉校舎の敷地東部に当たり、現在もテニスコートと野球練習場の場所に堀や土塁の一部が残っている。矢上川に臨む丘陵端に築かれ保福寺も城の端に所在し、大学の敷地造成まで中田加賀守の墓と伝える小塚が残っていたという。

寺家の大曾根氏

鶴見川上流の寺家《じけ》・鴨志田（青葉区）の旧家で、江戸時代には寺家村の名主を務めた大曾根氏は、小田原城の北条氏直に仕えた直属武士の子孫である。戦国時代には隣接する鴨志田を本拠としており、天正九年七月の北条家朱印状写では、大曾根飛騨守の軍役を決定し、知行高二七貫文に対して、騎馬武者の飛騨守は足軽二人・中間一人の合計四人で合戦場に臨んだ。足軽が四角の旗を持ち、もう一人は二間半（四メートル五〇センチ）の長槍を携行した。飛騨守自身は騎馬に乗り、兜に五尺七寸（一メートル七三センチ）の大きな前立《まえだて》を装着し、具足・手甲・面肪（鉄仮面）を着ける。馬には金箔の馬鎧を被せ、金の家紋を添付した。豪勢な軍装で、二メートル近い兜の前立は全くの驚きである。

大曾根飛騨守の軍役復元模型　（天正９年７月の文書による）　横浜市歴史博物館蔵

豊臣秀吉の兜の前立も大きいので有名だが、飛騨守のそれも負けてはいない。飛騨守は寺家・鴨志田の北条氏直轄領の代官も務めた。天正十四年には上野国厩橋城（群馬県前橋市）の城内にあって都筑太郎左衛門と共に城米奉行を務めており、北条氏の滅亡まで厩橋城の奉行を務めた。しかし、『小田原衆所領役帳』に大曾根氏の名前は見えず、寺家・鴨志田の郷村名も見えない。もしくは、北条氏の直轄領であったためか。

最後に長津田（緑区）の大林寺に墓所のある岡野氏を紹介しておこう。岡野氏は前述した板部岡江雪斎（融成）の子孫になる。板部岡氏は伊豆国の田中氏を出自とし、北条氏綱から仕えた小田原北条家の当主の側近家臣である。江雪斎は小田原城の評定衆等の重職を務めた家臣として重きをなし、天正十八年には豊臣秀吉との外交折衝を務めた。評定衆は小田原城での訴訟に関する裁判を務める裁判官である。茶の湯や詩歌に堪能な文化人で、小田原文化の中心人物として聞こえた。北条氏の滅亡後は豊臣秀吉に仕えてお伽衆《とぎしゅう》に登用され、京都の伏見城の城下に広大な屋敷を拝領した。お伽衆とは大名の側近でいろいろな相談にのる老臣である。江雪斎は岡野と改姓し徳川家康にも仕えて、慶長十四年（一六〇九）に伏見で死去した。子孫は徳川家の旗本として江戸時代を生き抜いた。その旗本岡野家の墓所が大林寺にある。

第四節　江戸衆の武士たち

小机領と江戸領

現在では神奈川県と東京都との県境は多摩川で区画されているが、戦国時代も多摩川以南は小机城、以北は江戸城の支配領域に分かれていた。しかし、当時の多摩川の下流域は乱流地帯で、現在の流路とは大きく違い、洪水のために南方に蛇行しており、現在の川崎市域のほぼ中央部を流れていた。戦国時代初期の長尾景春の乱の時に、太田道灌は味方の相模国の国衆を江戸城に参集させようとしたが、多摩川が洪水で渡河できず、国衆の参集を断念したほどの暴れ川であった。現在の流路として安定したのは、江戸時代初期の河川改修のおかげである。

戦国時代の多摩川の乱流状況を示す恰好の史料が残っている。それは、天正十八年（一五九〇）三月に出された北条家朱印状（日枝神社文書）で、小田原城の北条氏直が中村五郎兵衛と上丸子（川崎市中原区）の百姓中に宛てたものである。多摩川河畔の上丸子は、近年の洪水で田畑が流されてしまい郷村境が不明確となったため、世田谷領の沼目郷（東京都大田区沼部）との境界争いに発展した。世田谷領とは世田谷城（東京都世田谷区）の吉良氏朝の支配地を示し、吉良氏朝は横浜市南区蒔田の蒔田城の城主でもあった。境界争いが起こったため、北条氏は前年の九月に興津加賀守・中田加賀守と安藤良整《りようせい》の代官である福田某を現地に派遣して調査させた。上丸子と沼目郷との双方の意見を聞いたところ、上丸子の主張が正しいと判断された。洪水流出地は上丸子の郷村域と決着したので、田畑を耕作し、今年からは年貢を納めるようにせよとの通告であった。この洪水は、天正十七年八月（新暦の九月）に関東南部に来襲した台風のもたらした結果であるらしい。とすれば、この時の洪水は、多摩川だけでなく、暴れ川で名高い鶴見川とその支流域にも及んだと考えられる。

支配領域については、現地に派遣された検査官の興津加賀守・中田加賀守・安藤良整の代官福田某の身分を明かすことにより、より一層明確になるのである。興津加賀守は江戸城の遠山綱景の重臣で、世田谷領も江戸城支配領域に入っていたから、江戸城領の責任者として現地に派遣された。本来であれば吉良氏朝の家臣が検査官にならねば、おかしな話であろうが、氏朝の母は北条氏綱の娘の山木大方《やまきおおかた》で、氏朝の正室は北条幻庵の娘という関係から、北条一門の扱いを受け、その家臣団は北条氏の直轄家臣に編入されていた。この洪水の頃には氏朝の居城地は蒔田城に移されていた。このことから沼目郷も含めた世田谷領は江戸城の遠山氏の管轄に置かれていたと想像される。

つぎに中田加賀守の派遣についてである。前節で紹介したごとく中田加賀守は小机城の重臣で城領支配に深く関係し、天正十三年（一五八五）九月には恩田郷（青葉区）の検地奉行を務めた地方巧者《じかたこうしゃ》である。地方巧者とは、その支配する田畑の状況に精通した人のことをいい、検地の時に道案内をすることが多い。天正三年九月には鶴見川支流の早渕川の氾濫で洪水が起こり、駒林の小代官・百姓に反銭と懸銭の半分免除を許可した時も中田加賀守が奉行を務めていた。中田氏の城は鶴見川支流の矢上川の段丘上にあり、天正十七年八月には矢上川も氾濫していたと想像させる。そのため、多摩川の氾濫状況を検分する必要と、小机城の支配地域になる上丸子の検査官として派遣されたのであろう。小机領域の検地責任者である。『小田原衆所領

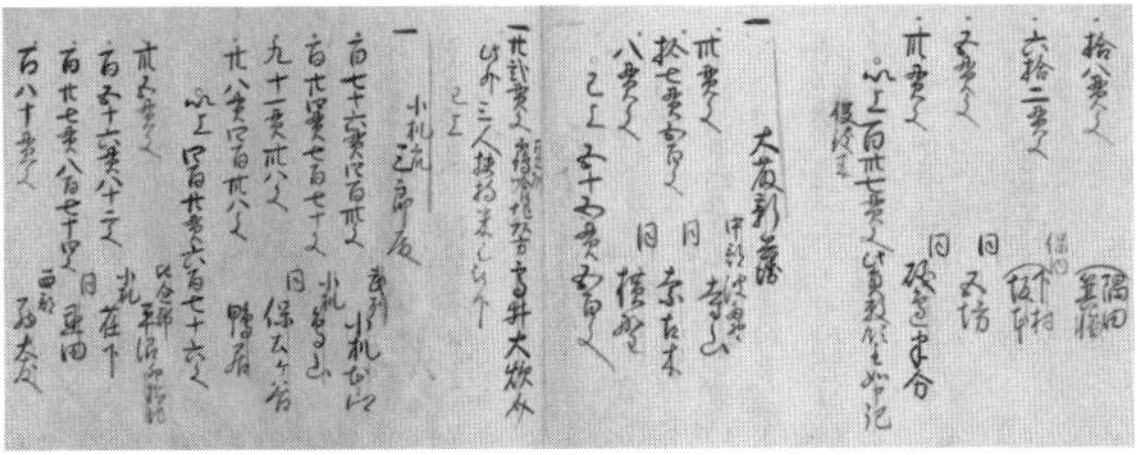

『小田原衆所領役帳』（小机衆の部分）　今井直氏蔵　平塚市博物館寄託

役帳』でも上丸子は小机領で千葉殿の知行と見える。宛所に見える中村五郎兵衛は、小田原城の反銭奉行で、小机領の反銭徴収を担当している。

最後に安藤良整の代官福田某の派遣問題である。安藤良整は小田原城の御蔵前奉行を務める重臣中の重臣であり、人足役の統括奉行も務めていた。御蔵前奉行とは、大名の金銭出納にかかわる奉行である。その家臣の福田某が検査官として派遣されたのには重要な役目があった。人足役の統括奉行の配下として洪水で流出した多摩川河畔の河堤の状況と修復工事の完成度の検査を主務としたのである。前年九月に現地に派遣された検査官の報告で、北条氏は上丸子の主張を入れて、流出田畑は上丸子の領有分と認めた。そのために流路を変えた多摩川の河堤を新たに構築する必要が生じたための人足役の手当てである。当文書が現在も上丸子の鎮守の山王社（現在の日枝神社）に大切に保管されているのをみても、上丸子にとっては郷村域を決めた重要書類として保存されたと推測される。

このように、小机領と江戸領の境界は多摩川であった。『小田原衆所領役帳』では、家臣の知行する郷村名の肩に記された郡名には武蔵国橘樹郡と都筑郡の記載は見られず、「小机」や「小机筋」と記されている。小机・小机筋は多摩川以南から鶴見川と支流流域、その南の帷子《かたびら》川の流域に展開している。南端は保土ヶ谷（保土ヶ谷区）と多々久（南区中里）の辺りで、武蔵国久良岐郡の北部まで小机と呼ばれていたことが判明する。

小机領の武士たち

この広大な地域をすべて小机城領と考えるのは、いささか早計に過ぎるが、その範囲は残念ながら確定できない。と言うのは、この地域には小机衆以外の武士たちの知行地も混在しているからで、参考に北条氏康時代の『小田原衆所領役帳』の小机筋郷村の知行主を衆別に列記してみよう。

〈小田原衆〉
星川・向星川（保土ヶ谷区）六郷殿（宅間上杉氏）
〈御馬廻衆〉
八朔（緑区）　笠原康明　斎藤分（神奈川区）　間宮政光
多々久（南区）　石巻家貞　今井（保土ヶ谷区）　間宮政光
〈玉縄衆〉

川和（都筑区）　北条綱成　　奈良・岡上（青葉区）　福島《くしま》四郎右衛門
末吉（鶴見区）　間宮康俊

〈江戸衆〉

市郷（青葉区）　上原出羽守　　小帷子（保土ヶ谷区）　太田康資
大豆津《まめど》（港北区）　小幡政勝　　潮田（鶴見区）　太田景資
潮田《うしおだ》地頭方（鶴見区）　太田康資

〈職人衆〉

駒林（港北区）　江間藤左衛門

〈他国衆〉

潮田（鶴見区）　向山《むこうやま》　　仏餉（保土ヶ谷区）　向山

〈御家中衆〉

長津田（緑区）　葛西様（北条氏綱娘）　　子安（神奈川区）　葛西様

〈北条氏尭衆〉

綱島・箕輪（港北区）　北条氏尭

〈小机衆〉

鳥山（港北区）　北条三郎　　保土ヶ谷（保土ヶ谷区）　北条三郎

鴨居（緑区）	北条三郎	
荏下（緑区）	北条三郎	
恩田（青葉区）	北条三郎	
猿山（緑区）	北条三郎	代官遠藤兵部丞
八朔（緑区）	北条三郎	代官小野与三郎
本郷（港北区）	北条三郎	代官蔭山又六
篠原（港北区）	北条三郎	代官金子出雲
山田郷（都筑区）	曾根外記《げき》	
大棚（都筑区）	曾根外記	
荏田（青葉区）	曾根采女助	
石川郷（青葉区）	吉田	
駒林（港北区）	市野弥次郎	
大熊（都筑区）	福田	
佐江戸（都筑区）	猿渡	
茅ヶ崎（都筑区）	座間	
二俣川（旭区）	岩本和泉	
今宿（旭区）	岩本和泉	
川島（保土ヶ谷区）	中田加賀守	
矢上（港北区）	中田加賀守	
青戸（緑区）	長谷川	
成合（青葉区）	長谷川弥五郎	
折本（都筑区）	座間新左衛門	
師岡（港北区）	笠原平左衛門尉	
菊名（港北区）	増田	

この一覧で判明することは、小机筋の知行主は圧倒的に小机衆が占めていることで、ほかに猿山の代官の遠藤兵部丞、八朔は小野与三郎、本郷は蔭山又六、篠原は金子出雲が代官職を務めている。この地は小机城の直轄領であった。ただ、小机城主の北条三郎の知行地である小

机本郷と本光院殿（北条為昌）衆の矢野彦六の知行地である神奈川は小机とは見えず、「武州」とあり、なぜ書き分けたのかは判断できない。小机領の郷村は、その多くが小机衆の武士の知行地であるが、小田原衆の六郷殿（宅間上杉氏）や御馬廻衆の笠原康明・石巻家貞・間宮政光、玉縄衆の北条綱成・間宮康俊・福島四郎右衛門、江戸衆の上原出羽守・小幡政勝・太田康資・太田景資、職人衆の江間藤左衛門、他国衆の向山氏、御家中衆の葛西様（北条氏綱娘）の知行地も一部混在している。

江戸衆の太田康資

江戸衆の太田康資と太田景資は小机城と関係する。太田康資は太田道灌の子孫で、父親は道灌の孫の資高で、康資は道灌の曾孫に当たる。太田景資は康資の弟になる。前述したように道灌は小机城攻めの時に、蒔田（南区）宝生寺に戦勝の祈願をしたり、横浜村（中区）の弁天神社を修築するなど、横浜市域の中心部とは深い関わりを持っていた。また、神奈川の慶運寺開山の音誉聖観と親しかったし、文明三年（一四七一）六月には道灌が鎌倉の報国寺領である那瀬村（戸塚区名瀬町）に不法を働いたことが報国寺文書に見えている。この文書を出した長尾景信は山内上杉氏の家臣であり、その支配地に扇谷上杉氏の道灌が関与していたとわかる。のちの北条氏の頃にも横浜市域と太田氏との関係は続き、元の太田氏の知行地を一部ではあるが太田康資・景資兄弟が引き継いでいたのである。康資は江戸城の城将で、太田氏とその配下で横浜市域に知行地を持つ武士の中で、太田氏、上原出羽守、小幡政勝の軌跡を紹介してみよう。

太田道灌の孫になる太田資高は、扇谷上杉朝良・朝興の重臣として江戸城の城主を務めていた。大永四年（一五二四）正月に北条氏綱が多摩川を越えて江戸領に侵攻すると扇谷上杉朝興から離反した。北条氏に属して家臣となり、遠山・富永氏と共に江戸城の守将となる。正室に氏綱の娘を迎えて北条一門に列した。

資高は天文十六年（一五四七）七月に死去し、次男の康資が家督を相続した。母は北条氏綱の娘の浄心院で、正室は北条氏康の養女（実父は遠山綱景）という血縁関係にあった。康資の康は北条氏康の一字拝領であり、北条一門として重きを置く存在となる。『小田原衆所領役帳』では江戸衆の末尾に記載され、康資の私領として九三一貫余文、寄子衆の知行として四八八貫余文、同心衆（家臣）の知行として五三三貫弱が見え、合計知行役高は一九五二貫文となる。同帳に見える武士の内では六番目に高い役高であった。横浜市域の知行地として潮田地頭方（鶴見区）・小帷子《こかたびら》（保土ヶ谷区）があり、太田景資も潮田を知行していた。永禄五年（一五六二）には江戸城に近い下総国葛西城（東京都葛飾区）を攻略するなどの活躍をみせたものの、江戸城主に就任できなかったことや知行への不満から、翌年には北条氏から離反し、里見義弘に味方して安房国に去った。広大な知行地は北条氏政が収公し、別の家臣に分散して与えられた。

潮田には入野光興が入り、村内の光永寺に墓所がある。光興の孫は潮田光永と名乗り寺名を光永寺としたという（『新編武蔵風土記稿』）。小帷子の知行主は不明であるが、天正十三年（一五八五）十二月には玉縄城（神奈川県鎌倉市）城主の北条氏勝が堀内勝光に知行の一部として帷子村を宛行っており、太田康資の退去後は北条氏に収公され、その後、玉縄城領に編入されたと判明する。

市ヶ尾の上原氏

江戸衆の上原出羽守は、元来は扇谷上杉氏の重臣であった武蔵国岩付城（埼玉県さいたま市岩槻区）の城主の太田資時の家臣で、天文十五年（一五四六）四月の扇谷上杉朝興の滅亡により北条氏康に随伴した武士である。氏康に攻められた上杉朝興の河越城（埼玉県川越市）の城中には北条氏に味方する家臣たちがおり、その一人が上原氏であったという。そのために氏康は上原氏を厚遇し、扇谷上杉氏の本城であった江戸城の江戸衆の一員に加えた。河越城の落城間際の同年三月に氏康は、太田氏との調停に奔走した上原出羽守の忠節に感謝の書状を与えている。その忠節の返礼として氏康は出羽守に市郷（青葉区市ヶ尾町）を知行として与えた。『小田原衆所領役帳』では出羽守は市郷で四八貫五〇〇文、他に富部（西区戸部本町）大鏡寺分で六七貫七八〇文の合計一一六貫二八〇文の知行役高と見える。先ずは市郷を宛行われ本拠としたのである。ちなみに氏康の知行宛行状を届けたのは、江戸城の城代を務めた遠山綱景の側近家臣の小菅摂津守であった。

　上原出羽守に対する北条氏康の厚遇は続いた。天文十六年八月には、氏康は市郷の城米役（城兵の食料にする米）・押立夫（意味不明）・棟別銭と反銭の賦課を免除し、陣夫・大普請人足は賦課すると通達した。北条氏では武士の知行分での棟別銭免除は、直轄家臣への登用を意味していた。また、陣夫や大普請人足等の人足役の免除は、滅多にみられない。市郷の人足役は四八貫五〇〇文に賦課されたから、役高二〇〇貫文で一人の人足を出す規定の大普請役では、二人を出すことになり、城や河堤・道路の普請等に使役された。使役期間は一人年間一〇日であった。

　翌十七年五月に北条氏康は出羽守に、居住の地として戸部郷（西区）六七貫文を与えた。『小田原衆所領役帳』に見える富部大鏡寺分である。戦国時代の戸部は、帷子川の河口部右岸の入り海に面した海浜の郷村であった。戸部郷には武蔵国滝山城（東京都八王子市）城主の大石綱《つな》周《ちか》の知行地である富部臨江寺分の七二貫余文も存在し、上原・大石両氏の相給地とわかる。大鏡寺は『新編武蔵風土記稿』によれば、江戸時代後期にも戸部村内に大鏡寺旧跡が存在した。その記事を載せ、市ヶ尾にある上原氏の菩提寺の朝光寺の伝として、天文十二年（一五四三）に上原勘解由左衛門《かげゆざえもん》という人が戸部に大鏡寺を建立したと記している。勘解由左衛門は出羽守の父親と思われ、その菩提寺であろう。とすれば、岩付太田氏に仕えていた頃の上原氏の本拠は戸部郷で、屋敷地も当地にあった。北条氏に随伴した後に市ヶ尾に本拠を移したが、北条氏康は、その元地の戸部郷の半分を知行地として安堵したことになる。現在も市ヶ尾にお住まいの上原宅には、戦国時代の古文書一〇通の原本を所持されており、戦国時代から現在までの五〇〇年間にわたり同所に居住されているという武家としては希有な事例であろう。

朝光寺　平成23年撮影　青葉区市ケ尾町

天文十七年八月に、北条氏康は戸部郷の上原出羽守に対して、同郷内の中村平四郎の知行分二〇貫文の年貢納入について、去年分の五貫文分が未納として早急に納入するように督促している。中村平四郎は小田原城の北条氏康に側近として仕えた御馬廻衆（近衛兵）で、出羽守の家臣ではないから、戸部郷の知行主は三人となる。他に郷内に北条氏の直轄領が存在し、そこから二〇貫文分を中村平四郎の給分として宛行っており、出羽守が直轄領の代官を務めていたと判明する。戦国時代の郷村の知行制度の好例であり、複数の知行主の私領と直轄領が混在し、直轄領の代官を知行主の者が兼務する方式は、江戸時代の旗本領の知行制度の有り方とは根本的に相違している。

つぎに述べる上原出羽守は、いままで述べた出羽守の嫡男と思われ、父親と同じく受領名《ずりょうめい》を出羽守と称した。受領とは主君から武士等に与えられた国司の名である。上原氏の戦国時代の家系は、勘解由左衛門―出羽守―出羽守と続いたと想定される。この嫡男の出羽守は、北条氏政・氏直に仕えた江戸衆で、江戸城代の遠山氏の家臣であった。天正二年（一五七四）三月に北条氏政は、出羽守に市郷の竹五〇本を同郷の伝馬を使って江戸城の遠山政景の家臣の吉原新兵衛に届けるように命じた。この竹は周囲二〇センチメートルの太い竹で、大きな川の舟橋架橋に使用する必要からの徴発であった。これ以後、上原氏は北条氏から度々竹の納入を命令されることとなる。現在でも市ヶ尾周辺には竹林が多く見られる。戦国時代には軍事上の理由から大きな川には木橋を架橋することを禁止し、舟を並べて竹材で固定する舟橋を架設したための材料であろう。

天正十八年に入ると、豊臣秀吉との決戦体制に専念する北条氏直は上原出羽守に出陣を下令した。四月には豊臣方の徳川家康の軍勢が玉縄城を通行して江戸城方面に侵攻してきた。同月に氏直は江戸城の外回りを防衛する逆茂木《さかもぎ》（木の柵）の夜間の守備を遠山氏の鉄砲隊と伊丹・河村・上原三氏に命じた。上原出羽守が江戸城に籠城していたとわかる。しかし、間もなく江戸城は徳川家康に降伏して開城し、上原出羽守は市ヶ尾に帰村して土着した。江戸時代には世襲して名主職を務めている。

大豆戸の小幡政勝

小幡政勝も江戸衆に属した武士で、大豆戸郷《まめどごう》（港北区）の領主である。大豆戸郷は東急東横線とJR横浜線の菊名駅の北西に当る。小幡氏は伊勢宗瑞の頃から仕えた古参家臣と伝え、相模国上大井村（神奈川県大井町）に本拠を据えていたが、天文年間（一五三二～五五）には大豆戸に入部していた。

『新編武蔵風土記稿』大豆戸村の条には、村内の本乗寺は天文二十三年に小幡泰久が建立し、村内の八王子社の西に小幡屋敷があったと記す。泰久は『小田原衆所領役帳』江戸衆に小幡勘解由左衛門と見え、小机大豆津で二五貫文、相模国下和田（神奈川県大和市）で二〇貫文の合計四五貫文の知行役高であった。当時の大豆戸は「大豆津」とも記したことが判明する。

永禄四年（一五六一）七月に、北条氏政は小幡源太郎に小机筋大豆戸郷を安堵しており、勘解由左衛門泰久が隠居して源太郎政勝が家督を相続したとわかる。泰久は永禄九年に伊豆国戸倉（静岡県清水町）での合戦で討ち死にし、家督は嫡男の政勝が相続した。政勝も江戸衆として活躍し、天正十八年（一五九〇）の小田原合戦ののちは、政勝の嫡男正俊が徳川家康に仕えて旗本に登用され、江戸時代を武家として存続した。菩提寺は大豆戸の日蓮宗本乗寺で小幡氏代々の墓所である。

第二章

神奈川湊と蒔田城

権現山城址　手前が国道１号線　平成23年撮影　神奈川区幸ヶ谷

第一節　権現山城の戦い

権現山城と神奈川湊

今度は横浜市域の中心部の戦国時代の様相を述べてみよう。当時は、現在の横浜駅や桜木町駅の地は、東京湾に面した入り海の周辺部で大岡川などの河口部の干潟の地であった。入り海の北端には丘陵部が迫り、神奈川湊の防御地点として重要な意味をもっていた。この重要地点に築かれたのが権現山城（神奈川区幸ヶ谷）と、それに隣接する青木城（神奈川区高島台）である。

権現山城は別名を神奈河城とも呼ばれた。南北朝時代の記録である『園太暦』の文和元年（正平七年＝一三五二）閏二月に上野国で挙兵した新田義宗が、鎌倉にいた足利尊氏を攻めた時に、足利方の「狩野川之城」「狩野河」を攻略したことが見えている。狩野河は神奈川の別記で『神奈川県史』では権現山城のことと比定している。権現山城に隣接する本覚寺山（青木城址）との間には現在は東海道本線が通っているが、元は江戸方面に抜ける鎌倉街道下の道（のちの東海道）が通っていた。、江戸時代には権現山城址の山麓には神奈川宿があった場所であり、交通の要衝であったとわかる。この権現山城で、戦国初期に両上杉連合軍と伊勢宗瑞方の上田正忠・政盛との間で激戦が展開された。永正七年（一五一〇）七月十一日のことである。

明治初期の権現山周辺　左手前が権現山、海の部分は現在の横浜駅一帯　「ファー・イースト」1871年10月2日号から　横浜開港資料館蔵

伊豆国を平定した伊勢宗瑞は、最初は扇谷上杉氏に味方して、敵対する山内上杉氏と戦いながら相模国に侵攻し、武蔵国南部にまで進撃したが、撃退されていた。ところが、永正七年六月二十日に越後国に出陣中の山内上杉顕定が、長尾為景に攻められて討死にする事件が勃発した。それを知った宗瑞は、早速に相模西部に侵攻し、高麗山城（神奈川県大磯町）と住吉城（神奈川県平塚市か）の古城を取り立てて拠点とし、神奈川方面に進撃した。ちょうどその頃に、敵対する岡崎城（平塚市）の三浦道寸の伊豆国八丈島（東京都八丈町）の代官である北村秀助が、伊勢宗瑞の八丈島代官で神奈川湊を本拠とする奥山忠督と戦い、敗退していた（『八丈実記』）。東京湾の重要な湊であり、交易湊として山内上杉氏の経済的基盤である神奈川湊の確保は、宗瑞

にとっても相模国へ侵攻する必要な要素であった。

高麗山城と住吉城への進出は、岡崎城に拠る三浦道寸の海岸部への出撃を封じる作戦であり、神奈川湊の確保への方策である。宗瑞の八丈島代官の奥山氏は、同島の年貢米を神奈川湊の蔵に納めており、神奈川湊は駿河国や伊豆国方面と武蔵国との太平洋航路をおさえる重要な湊として機能していた。そこに目を着けた宗瑞は、湊を守備する扇谷上杉方の権現山城の領有を画策した。

権現山城の上田氏

この頃の権現山城の城主は、扇谷上杉朝良の重臣で相模国守護代を務める上田正忠であった。敵対する勢力で、守護代の地位にある上田氏を、なんとか味方にする方策を考えた伊勢宗瑞の知力は、さすが戦国武将のはしりと言われるだけのことはある。ただ、そのきっかけは史料上では、かなり早くから見られた。

もともと、上田正忠の屋敷は鎌倉の北方に位置する粟船郷（鎌倉市大船）にあったらしい。そこには上田氏一族がおり、そのうちの一人が相模国に侵攻してきた宗瑞に早くから味方していた形跡があるのである。その一人とは正忠の嫡男政盛かもわからない。明応五年（一四九六）七月の山内上杉顕定の文書に、山内上杉方の長尾右衛門尉《うえもんのじょう》が宗瑞方の伊勢弥次郎・上田某が籠もる城を攻めたと見える。伊勢弥次郎は宗瑞の弟であるから、上田某は宗瑞方の侍大将と思われる。その当時、宗瑞は扇谷上杉氏に味方していたので、上田某は扇谷上杉朝良から派遣された軍勢の侍大将として城に籠城していた可能性もあろう。この城は小田原城との説もあるが確証はない。

ここで、上田氏の軌跡について述べておこう。扇谷上杉定正の重臣で相模国守護代であった太田道灌は文明十八年（一四八六）に定正によって謀殺されてしまった。その後に守護代に就任したのが上田正忠である。関東地方を大騒乱に巻き込んだ長享の乱（一四八七）が起こると、正忠は実田城（真田城＝神奈川県平塚市）を築城して本拠とした。それまでの居館は粟船にあったと思われる。のちの話ではあるが、上田氏の子孫が北条氏に登用されて武蔵国松山城（埼玉県吉見町）の城主として入部した後も、本拠地は粟船にあった。粟船郷の代官の甘粕氏が、上田氏への年貢米を松山城に納入していることから、間違いないと思われる。戦国時代も末期の話である。

さて、実田城は伊勢宗瑞に味方したため永正元年（一五〇四）十二月に山内上杉勢に攻められて落城し、上田上野介朝直は戦死し、正忠・政盛父子は逃亡した。年未詳の四月二十四日に上田正忠は文諦首座《ぶんたいしゅそ》に、太田郷（南区南太田）の件について返答しており、実田城を落ちた正忠が権現山城を築城し直して本拠とした後の文書と推定される。太田郷と権現山城は、距離的に近い。権現山城には、長享の乱の頃には山内上杉氏の当主の上杉顕実が在城し「神奈川上様」と呼ばれていたと、矢野憲信《のりのぶ》の書状に見えている。憲信は小机城の城主で神奈川郷の代官を務め、のちに権現山城を攻めた上杉勢の大将の一人として参陣した。小机から神奈川には飯田道と称した街道が通じていた。

上田正忠は長享の乱の終息で山内上杉氏が神奈川を去って、代わりに扇谷上杉氏が入部した時に、権現山城を修築して城主に就任したのであろう。明応三年（一四九四）六月には神奈川宿の熊野神社を再建しており、それ以前から城主であった。上田氏は日蓮宗に深く帰依しており、日晴が書いた「当門徒継図次第」には本門寺の八世日調が、上田蔵人入道政盛の親類の日純を九世にしたと記しており、日純の母は上田氏の出とわかる。名古屋市東区の日蓮宗本住寺には、天文年間（一五三二〜五五）の日現自筆裏書が残り、この軸物は、日現の師の日純がかつて「上田上野入道源正忠・宗詮」から神奈河の城で拝領したと記されており、政盛の父の上田正忠は神奈川城（＝権現山城）の城主で、入道名を宗詮と号したと判明する。埼玉県川越市の日蓮宗行伝寺の過去帳には、宗詮は永正十七年（一五二〇）五月に死去したと記している。上田氏は代々が真摯な日蓮宗の信徒で、のちの松山城の上田氏も同様である。

権現山城には上田正忠と嫡男の政盛が在城していた。永正七年六月に山内上杉顕定が死去し、それを機会に扇谷上杉朝良に戦いを挑んだ伊勢宗瑞は、権現山城の上田政盛に働きかけ、上杉朝良から離反させて権現山城に挙兵させた。正忠は高齢のため、城主は政盛が務めていた。

この上田氏の謀反を知った両上杉氏は、七月十一日に二万の大軍で権現山城を包囲した。『神奈川砂子』等の江戸時代の軍記物では、扇谷上杉朝良と配下の成田・渋江・矢野等の軍勢が参陣したという。十九日まで激戦を展開し、城方の勇将等が城から出撃して攻め手の陣中に突撃した。その一人に「神奈川の住人、間宮の某」とおめき叫んで突撃した武士がいた。間宮彦四郎信盛のことといわれ、権現山城の東方の山麓にある宗興寺が間宮氏の砦址という。間宮氏は佐々木氏の出で伊豆国間宮荘（静岡県函南町）の出身といい、この頃には川崎（川崎市川崎区）に屋敷があり、杉田（磯子区）・末吉（鶴見区）にも知行があった。伊豆国は山内上杉氏の守護国で、その家臣の長尾忠景が神奈川に知行を得たので、共に神奈川に移り、青木に砦を構えたと推定される。間宮氏も上田氏と同様に日蓮宗の信徒である。間宮

権現山合戦　『神奈川砂子』から　国文学研究資料館蔵　横浜市歴史博物館提供

氏については、第三章第二節「杉田郷の間宮氏」の項で詳しく述べたい。

権現山城の戦いは十九日に攻略されて扇谷上杉方の勝利に終わり、上田氏の消息は不明となる。ただ、前述したとおり、上田氏の子孫は北条氏康の時代から、上田朝直―長則―憲定と続いて武蔵国松山城（埼玉県吉見町）の城主として登場する。特に朝直は天文十七年（一五四八）十月に池上本門寺（東京都大田区）の仁王像を修理しており、住職の日現筆になる妙賢寺（埼玉県東松山市）所蔵の天文十九年銘の十界曼陀羅に、妙賢寺を建立したと見えている。

先に記した軸物の裏書に上田正忠のことを「神奈河の城」と記したのも日現であることから、朝直は正忠の家系に属する人と考えられる。もしくは、正忠―政盛―朝直と続くのかもわからない。『小田原衆所領役帳』の他国衆に上田案独斎（朝直）が見え、粟船郷（鎌倉市大船）を本拠としていることから、まず、間違いはなかろう。永正七年（一五一〇）に政盛が壮年で、その子朝直が五〇年後の永禄二年（一五五九）には隠居の案独斎の斎号を名乗る歳でもおかしくはない。この仮説が正しければ、権現山城を落ちた上田正忠・政盛父子は伊勢宗瑞の許に逃れて小田原城に入り、政盛の嫡男朝直が北条氏綱に仕えたと推論できる。ちなみに、朝直の文書は天文十九年十二月には初見されるが、署名は「案独斎宗調」で祖父正忠の法号宗詮と同じ宗の字を使っている。

上田正忠の権現山城は入り海に臨み、東と南を海に囲まれた丘陵の先端で、西の本覚寺山とは深い堀で隔絶した要害の地形である。当時はかなり急峻で高さもあったが、幕末に山麓の海辺に神奈川台場（神奈川区神奈川）を構築した時に権現山城址の土砂を剥いで埋め立てに使用したため、現在のような低い丘となった。跡地は幸ヶ谷公園として市民に開放され、桜の名所となっている。現在は海岸線の埋め立てで、当時とは全く地形も変わっているが、城址らしい雰囲気は漂わせている。

青木城の多米氏

権現山城の西に東海道本線を挟んで隣接する青木城には、伊勢宗瑞の古参家臣の多米氏が居城した。青木村の地名は明応五年（一四九六）九月の仏典『胎蔵梵字真言』に「師岡保神奈河郷青木村」と見え、神奈川郷の内であった。多米氏は三河国八名郡多米郷（愛知県豊橋市）の出身で、多米玄蕃允元益が宗瑞と親しくなり、宗瑞の家臣として関東に入部した。伝えでは宗瑞が今川義忠の正室として駿河国にいた姉妹の北川殿を訪ねた旅の途中の三河国で、その国の国衆の一人に多米元益がおり、義忠に味方していた元益を知り、義忠の肝入りで宗瑞の家臣に編入されたものと思われる。元益の嫡男元興も宗瑞に仕え、共に伊豆国に入部した。のちの『小田原衆所領役帳』では、伊豆国多田（静岡県伊豆の国市）は元は多米氏の知行とあり、宗瑞の居城した韮山城の城下に知行を持っていた。元益・元興父子の知行地と思われる。同帳の多米弥次郎は、韮山城の城下の奈古屋（静岡県伊豆の国市）に知行を拝領していた。多米元益父子の伊豆在国中の名残であろう。

伊勢宗瑞の相模国への侵攻で、多米元興も活躍した。『鎌倉九代後記』には、明応三年（一四九四）に小田原城の大森実頼を攻めた宗瑞方の先陣として多米元興がおり、その家臣の栗田六郎は大森方の成田某に討ち取られたとある。現在、青木城址の北西に栗田谷の地名があり、『新編武蔵風土記稿』では、江戸時代の後期にも栗田氏の子孫が残り、栗田氏の居住地と記している。六郎の子孫が土着し屋敷を構えた場所で、青木城下の町場であったろう。戦国時代の城下町には職人の集団が屋敷を構えて、城主の御用職を務めていた。永禄十年（一五六七）の北条氏の命令書では青木の鍛冶職人の弥四郎を使役すると述べており、城下町が形成されていたと判明する。青木城の周辺には戦国初期の城が多い。斎藤分町の斎藤氏は太田氏の家臣である。その同僚の平尾氏は、隣接する栗田谷に城があった。

北条氏綱の時代に相模国から武蔵国南部に勢力を拡大した北条氏は、相模国東部の支配拠点として玉縄城に弟の北条氏時を入れて支城支配を開始した。氏時は享禄四年（一五三一）に死去し、その跡を北条為昌が継いで玉縄城主に就任した。多米元益は永正三年（一五〇六）に死去しているから、玉縄城主に仕えたのは嫡男の元興である。元益は上山口（神奈川県葉山町）の新善光寺の支院の西光寺の開基で、同寺には一族の位牌がある。

初代の玉縄城主の北条氏時は伊勢宗瑞の次男と推定されるが、文書は二通しか発見されておらず不明な人物である。次の城主の北条為昌は北条氏綱の三男で、永正十七年（一五二〇）の生まれである。城主に就任の時には、わずか一二歳であった。しかも、為昌は三崎城（神奈川県三浦市）の城主、武蔵国河越城の城代も兼務するという重鎮であった。子供の少ない氏綱の苦慮の結果である。

この北条為昌には多米弥次郎も仕えていた。元興の一族と思われる。元興は天文十一年（一五四二）の為昌の死去後は北条氏康の家臣となり、河越城や松山城、国府台（千葉県市川市）の合戦で活躍した。元興は天正五年（一五七七）四月に死去するが、嫡男の元忠は天文十五年四月の河越夜戦で大功をたてた。『小田原衆所領役帳』の諸足軽衆に見える多米新左衛門は元忠のことと思われ、知行地は青木を本拠に、武蔵国松山筋の石橋（埼玉県東松山市）等で一四八貫余文の知行役高と、別に寄子給として松山本郷（東松山市）で三六貫五〇〇文分の給田を支給されている。この松山周辺の知行は河越夜戦での活躍の恩賞であろう。松山城と河越城とは隣接しており、共に元は北条為昌の支配地である。その為昌の遺領の一部を足軽大将に知行として配分した。足軽大将の知行地には天文十二年に検地を施行した郷村が多く、前年に死去した為昌の遺領検地の結果である。

多米新左衛門は、永禄四年（一五六一）十月の北条家朱印状では、足軽総大将の大藤《だいとう》秀信の

多米氏墓所　平成 23 年撮影　神奈川区三ツ沢西町・豊顕寺

配下の足軽大将六人の一人として見られる。新左衛門は総勢八一人の足軽の内の三一人が出陣時に不足しており、員数を完全に揃えるように厳命された。天正二年（一五七四）八月に北条氏政から新左衛門に、鎌倉の東慶寺領の舞岡郷（戸塚区）から出陣時には陣夫二人を支給されている。新左衛門元忠の跡は長定が継ぎ、上野国平井城（群馬県藤岡市）と西牧城（群馬県下仁田町）の城主となり元忠が転任し、天正十八年五月に西牧城で豊臣秀吉の北国勢の攻撃を受けて討ち死にした。留守城の青木城には長定と城代に山中主膳正を据えた。多米長定は天正十八年三月の小田原合戦には、玉縄衆の一員として伊豆国境の山中城（静岡県三島市）で討ち死にした。山中城址に墓がある。

多米氏の菩提寺は三ツ沢西町（神奈川区）の法華宗豊顕寺《ぶげんじ》で、天文二十年（一五五一）八月に多米元興の本国の三河国八名郡多米郷の本顕寺を三ツ沢に移したという。日時が弟子の日有に授与した曼陀羅裏書には、「天文二十年八月時正武州青木内三沢草庵」とあり、これ以前から草庵はあったと推定される。元興の子で青木城主の多米大膳長宗が三ツ沢の山荘を寺に寄進し、日慶を中興開山、長宗を中興開基として豊顕寺が創建された。寺には過去帳と境内に多米氏の墓所があり、多米元益・元興の墓もある。

第二節　神奈川湊と矢野氏

神奈川郷の矢野氏

神奈川郷は鎌倉中期の文永三年（一二六六）には北条時宗の下文《くだしぶみ》に見られ、鎌倉の鶴岡八幡宮領、室町時代には山内上杉領であった。応永三年（一三九六）七月には山内上杉憲定が神奈川・六浦本郷（金沢区）と伊豆諸島を安堵されている。神奈川湊は東京湾に面した入り海の北端に位置した。大岡川の河口部に湊があり、波の静かな良港として繁栄していた。南北朝初期には伊勢国（三重県）の船が神奈川湊に来航している。南の金沢の六浦湊と共に太平洋航路の港として重要な位置にあった。神奈川郷の海辺には鎌倉街道下の道（のちの東海道）が通行し、嘉吉元年（一四四一）帷子川河口には柴関（西区浅間町）という関所が置かれ、小机方面には飯田道という街道も通じていた。

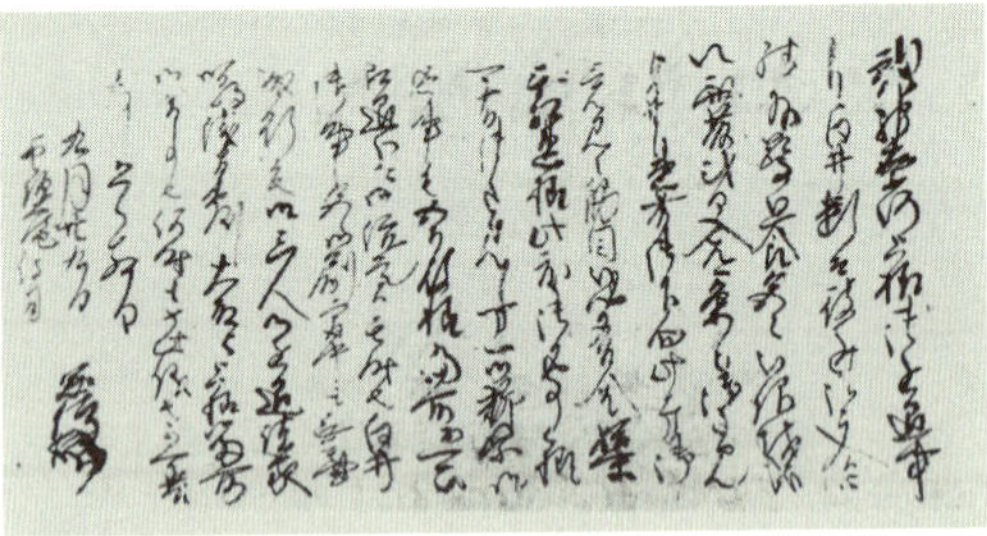

矢野憲信書状　年未詳9月29日　鎌倉市山ノ内・円覚寺雲頂庵蔵　横浜市歴史博物館提供

この水陸の要地の利権をめぐって複雑な領主支配が神奈川郷で展開した。最近の盛本昌広氏の研究成果『中世南関東の港湾都市と流通』（岩田書院刊）では、神奈川郷は滝野川から西が青木村で鎌倉鶴岡八幡宮領である。東は山内上杉氏配下の総社（群馬県前橋市）長尾氏領で、配下の奥山氏が八丈島などの交易を行い、同僚の間宮氏も活躍した。西は扇谷上杉氏配下の太田氏領で、配下の土屋・斎藤・平尾の諸氏が知行していた。さらに山内上杉氏は長尾氏領にも領有権を持ち、年未詳九月の矢野憲信書状では、憲信は総社長尾忠景の配下として神奈川郷の代官を務めていた。まったく複雑な支配関係であった。

戦国時代の神奈川郷の領主は矢野氏で、戦国初期に上野国の総社城にいた長尾忠景・顕忠・顕方三代の側近家臣に矢野憲信が見え、代官を務めている。忠景は山内上杉氏の配下である。矢野憲信は鎌倉の円覚寺雲頂庵に宛てた四月二十九日の文書で、神奈川の棟別銭について述べており、後に北条氏に仕えた神奈川の領主の矢野氏の祖先と推定される。憲信の主君の長尾忠景は山内上杉氏の家老であるから、神奈川郷は山内上杉氏の支配下となる。太田道灌の小机城攻めには、城の守将として矢野兵庫が見えており、山内上杉方であるから憲信本人か一族となろう。永正七年（一五一〇）七月には、両上杉氏が伊勢宗瑞に味方して扇谷上杉氏を離反した神奈川城（権現山城）の上田正忠父子を攻めた時に、長尾氏の代理として矢野安芸入道が城攻めに参陣した。憲信のことであろう。

　また、その頃に山内上杉領である伊豆国にも矢野信正という武士がいる。のちの『小田原衆所領役帳』では、伊豆衆に属する矢野某と玉縄城主の北条為昌の家臣に、神奈川領主の矢野彦六が見える。同じ山内上杉家臣の矢野憲信と矢野信正は親族であり、この北条氏家臣の両矢野氏の祖先と思われる。残念ながら矢野彦六がどちらの子孫かは確定できないが、矢野憲信の家系に属する可能性が高い。年未詳の四月には矢野憲俊《のりとし》が神奈川から書状を出すと見えており、憲信の一族であろう。神奈川宿の江戸時代の本陣である石井家も、もとは長尾顕忠の家臣で、長尾郷（栄区）にいたが、戦国初期には矢野憲信の配下として神奈川宿に移って来ていた。

　伊豆国の伊勢宗瑞が横浜市域に侵攻するのは、三浦道寸を駆逐して本牧岬（中区）に進出した永正九年暮のことである。その頃の本牧の領主は山内上杉氏の家臣の平子《たいらこ》房長で、根岸（磯子区）も支配していた。本牧から神奈川の間には大きな入り海があり、本牧から北方に伸びる砂州状の岬が横浜村（中区）で、その対岸に神奈川郷が位置していた。伊勢宗瑞の侵攻当時の神奈川郷の領主は確定できないが、矢野憲信か矢野憲俊であろうと考えられる。

伊勢宗瑞の嫡男の北条氏綱が大永四年（一五二四）正月に、多摩川を越えて江戸城の太田氏を攻略する以前には、横浜市域は完全に北条氏の支配地域になり、大永七年八月には、鎌倉の東慶寺領の舞岡郷（戸塚区）に氏綱が文書を出し、天文二年（一五三三）三月には弘明寺（南区）に北条家朱印状が出されている。

この頃には神奈川郷は玉縄城の支配範囲に置かれ、城主は北条為昌であった。玉縄城の支配範囲は相模国東郡（旧来の鎌倉郡と高座郡域）・三浦郡と武蔵国久良岐郡で、横浜市域の南半は玉縄城領になる。一説では、そのころの玉縄城領は小机周辺にも及んでいたともいう。天文六年六月に為昌は、矢野右馬助に本貫地として「武州神奈川」を宛行った。本来ならば神奈川郷は小机領に入る地域であるが、それを武州神奈川と表記したには、何か特別の理由があったと思考される。小机領との区別であろうか。年未詳の七月の文書では、為昌は矢野右馬助に神奈川で使役する代官夫は、小机衆の笠原信為の家臣が押さえていると不服を述べている。神奈川郷の所属が玉縄城か小机城か明確でなかった状況が伺い知れる。

ついで、年未詳十月の北条為昌書状写では、「矢野右馬助に白幡（神奈川区）の件は森新次郎に知らせておいた。六角橋（神奈川区）のことは笠原信為に申したが、神奈川代官の支配地ではないと言っている。今のところは六角橋は、神奈川郷の内ではないとしておく。証拠があれば知らせてほしい」と伝えた。白幡と六角橋は隣接しており、神奈川郷の北に展開する丘陵上の地域である。東急東横線の白楽駅の周辺に当たる。ここも、神奈川郷内か郷外かで、しかも小机領か玉縄領かで係争していたとわかる。

天文十一年五月に弱冠二三歳で北条為昌が死去すると、広大な玉縄城支配地と大勢の家臣団は三分割され、ひとつは北条氏康、一つは北条幻庵、一つは北条綱成に配分された。矢野氏は小田原城の北条氏康の家臣に編入された。玉縄城は為昌の養子の北条綱成が城主となり、小机城領は北条幻庵が統括した。氏康は相模国三浦郡を統括し、のちに北条氏規《うじのり》が三崎城の城主に就任すると矢野氏も氏規の家臣になった。

『小田原衆所領役帳』には御家中之衆として矢野彦六が神奈川郷で知行役高一〇〇貫文を受けており、三浦郡代を務めた南条昌治の家臣になっている。永禄二年には未だ北条氏規は、人質先の駿河国の今川義元の許から帰国しておらず、北条氏康が三浦郡を直轄支配していた時期で、南条昌治は氏康の許で三浦郡代を務めていた。この時には矢野氏は右馬助が隠居して、家督は彦六が継いでいた。

この右馬助から彦六への家督相続の時に一悶着が発生していた。天文二十四年（一五五五）正月に北条氏康は、矢野右馬助に子の与次郎と彦六との家督相続問題を裁判し、父の右馬助からの家督譲渡状が無くして与次郎が家督を継いだことは、違法行為であるから止めさせ、彦六に家督を譲渡させている。同年二月には氏康は、右馬助に家督者は彦六と決めさせ、正月には右馬助が神奈川郷の北条氏への公事《くじ》（年貢や諸税）の納入を終わらせたので、彦六の同郷知行を認め、家督者としたのである。戦国時代の武士の家督相続の有り方を具体例として示す興味ある内容である。

同じ神奈川郷内と思われる斎藤分（神奈川区斎藤分町）は、永禄二年（一五五九）では間宮宗甫《そうほ》（政光）の知行地で、かつての権現山城の戦いで、城内から突撃してきた勇敢な武士の間宮信盛の一族の子孫と思われる。面白いのは、この時に信盛は「神奈川の住人」と呼ばわっており、間宮氏の砦は権現山城の山麓の宗興寺の地と伝えること、斎藤分町の北に隣接して六角橋が存在することである。間宮氏は元々は近江国（滋賀県）の守護職の佐々木氏の一族と伝え、二流に分かれた佐々木氏の片方に六角佐々木氏が存在する。六角橋の地名は、その六角佐々木氏に由来するという。北条氏に仕えた間宮氏も数家に分流するが、本家筋は笹下城（港南区）に移転して玉縄城の重臣となる。その居城の笹下城の地名は、佐々木が佐々気となり「ささげ」と読み、笹下に転訛したという。伝説ではあるが、いかにもありそうな話である。ちなみに、笹下城の間宮康俊は杉田（磯子区）を本貫地に、小雀（戸塚区）・川崎・末吉（鶴見区）に分散してはいるが、知行地は横浜市域に多い。

さて、矢野彦六は永禄二年以後に、父と同様に官途を右馬助と称した。北条氏規（北条氏康の五男）が駿河国の今川義元の人質から開放されて相模国に帰国した永禄九年には北条氏康に代わって三崎城主に就任し、北条為昌からの旧臣を配下として三浦郡域にあたる三崎城領支配を開始した。矢野右馬助も同様で、神奈川郷は三崎城領に編入された。年未詳四月には北条氏規が右馬助に軍勢を引率して出陣させた。また、江戸城の遠山衆については遠山氏にまかせることと伝えている。神奈川周辺には江戸衆の知行も混在していた。

神奈川湊と廻船交易

太平洋航路の湊として交易港としての神奈川湊の重要性は、中世には充分に認識されていた。金沢の称名寺が品川湊（東京都品川区）と神奈川湊で康暦元年（一三七九）から帆別銭を徴収しており、伊勢国（三重県）方面から船が入港していた。

伊勢宗瑞の相模国入国以前の明応七年（一四九八）には三浦道寸の八丈島代官である奥山八郎五郎が、同島の年貢を神奈川の蔵に納めていたように、神奈川湊は東京湾の重要な港として戦国時代にも機能していた。年未詳八月の北条為昌の文書には、矢野右馬助に神奈川湊に寄港する廻船に日吉新造と称する船があると聞いたが、その船は違法で問題のある船と判明した。その船が入港したら荷物を臨検し、船を押さえて玉縄城の為昌に申告させたことが記されている。また、材木が神奈川湊に入港するが、下総国古河城（茨城県古河市）の古河公方の御用の材木なので、転送することと命じている。このことは、神奈川湊が東京湾から隅田川（古利根川）

を経由して古河城への、つまり関東平野の内陸部への物資輸送ルートの港であったことを示している。神奈川湊には東京湾を往来する交易商人の廻船が寄港したこともわかる。

北条為昌の後に登場する北条氏規は、伊豆国西海岸の韮山城（静岡県伊豆の国市）の城代も兼務していたこともあり、神奈川湊の重要性は認識していたであろう。伊豆半島を経由する太平洋航路の掌握である。永禄十年（一五六七）二月には、北条氏規は鋳物師職人の野中修理亮に東京湾岸の商売については、金沢六浦《むつら》湊（金沢区）と神奈川湊に寄港して商売することを許可し、たとえ難風で対岸の里見領の金谷湊（千葉県富津市）に入港しても、この証文を湊の役人に見せれば入港を許可されると伝えた。東京湾の交易権を許可した内容である。

同年七月には、北条氏政が水軍大将の愛洲《あいす》兵部少輔《ひょうぶのしょう》に、金沢・釜利谷（金沢区）・日野（港南区）・青木（神奈川区）の鍛冶職人に命じて、三浦半島東端の浦賀城（神奈川県横須賀市）に来て鉄鋼船の造船用の船具や船釘などを製作させた。青木城の城下には船具を鍛造する技術を持った鍛冶職人がいたとわかり、神奈川湊には造船所もあったのではなかろうか。それが証拠には、天正十一年（一五八三）十二月に北条氏規は神奈川の鍛冶職人の新四郎の要望により、屋敷地を与えて公私の御用を務めさせている。新四郎は内海氏を名乗り、正安元年（一二九九）に先祖の内海光善が能満寺を創建し、内海家は寛正五年（一四六四）の史料に「かながわの筒屋のふかす殿」と見え、神奈川宿の商人で財力を持っていた。江戸時代には神奈川宿の名主を務めている。

北条氏に敵対した対岸の里見氏も、東京湾の商船の往来は経済政策として認めていた。天正三年（一五七五）十二月に里見義継が、山口越後守という廻船問屋に東京湾の自由航行を許し、通行証を発給した。山口氏は金沢六浦湊の洲崎を本拠とした北条方の流通商人であった。この通行証が無いと、海上で海賊船に襲撃される場合があり、それへの危険回避もあったのである。当時の東京湾は、沿岸の郷村民を襲撃してさらい、身代金を郷村民に要求する海賊船が出没し、沿岸の郷村民を困らせていたと史料は伝えている。天正七年五月には、小田喜城（千葉県大多喜町）の正木憲時も山口越後守に通行証を発給している。

天正十七年十月に里見義康は、上総国百首城《ひやくしゆ》（千葉県富津市）の城主の正木頼時に命じて、東京湾を往行する里見方の商船で武蔵国方面に向かう船は、必ず百首城で臨検してから出帆させており、船役は免除とある。百首城の対岸の武蔵国湾岸の湊には金沢・神奈川・羽田（東京都大田区）・品川・芝浦（東京都港区）等があった。

しかし、陸上交通や海上交易で繁栄していた神奈川郷や港町も、豊臣秀吉の大軍が来襲した天正十八年の小田原合戦には、小机城や玉縄城の非力化によって住民の退転を招いていた。豊臣勢の侵攻直前の天正十七年十二月には、北条氏政は北条氏規に対して、神奈川の家は全て退転して逃げ散ったが、昔の棟別銭帳によって棟別銭を取立てよと命じる始末であった。玉縄城や小机城での豊臣勢との戦闘記録は、ほとんど残っていない。

子安郷と古河公方

神奈川郷の北と南に隣接する子安（神奈川区）と戸部（西区）の両郷の歴史も古い。子安郷は鶴見川河口部の西に位置し、東京湾に面した海浜の郷村である。鎌倉時代末期の正応五年（一二九二）には文書に見えている。戦国時代には下総国古河城にあった古河公方の足利義氏が知行した。鎌倉公方の末裔になる義氏は、足利晴氏の後室の子で、後室は北条氏綱の娘の芳春院殿である。義氏は北条一門として利根川筋に広大な支配地を持ち、特に古河城から隅田川を経由して、東京湾岸の柴浦・品川・子安等の湊に知行を持っていた。古河と横浜市域とは、舟運で直結していたとわかる。

古河公方は『小田原衆所領役帳』には北条氏一門で構成された御家中衆の筆頭に、葛西様御領として、小机子安で一六五貫文、他に小机長津田（緑区）等で合計三九五貫文の知行役高で登場している。葛西様とは足利義氏が、この頃には下総国葛西城（東京都葛飾区）に御座所を移しており、そのために葛西様と呼ばれていた。その母親の芳春院殿も葛西様と呼ばれた。子安は湊の機能と共に、むしろ魚介類の豊富に採れる海浜の漁村として、古河公方の御菜浦《ごさいうら》が設定されていたと思われる。御菜浦とは、領主が直轄的に食料を確保する海浜部の郷村である。

北条氏康は叔母に当たる芳春院殿の知行地の支配には、数々の恩典を与えて優遇した。永禄三年（一五六〇）三月には、足利義氏が子安郷の百姓・代官に徳政を下し、子安から他所に売られた下人（郷民の使用人）は取り返させ、他所から買われた下人は返す必要はないと通達した。借金を軽減させる政策の徳政下のことではあるが、戦国時代の関東地方では人身売買が盛んであった。さらには東京湾の海上では、海賊による略奪行為が横行していた。海賊は湾岸の郷村にも襲来して女子供を略奪して市場で売買された。女子供の返還には身代金の支払いを必要としたから、人身売買は、海浜部の郷村民の悩みの種であった。その負担を軽減させるための徳政と解釈したい。関東地方の人身売買の流行は、のちに北条領に侵攻した豊臣秀吉が、即座に人身売買の禁止令を発していることからも知ることができる。

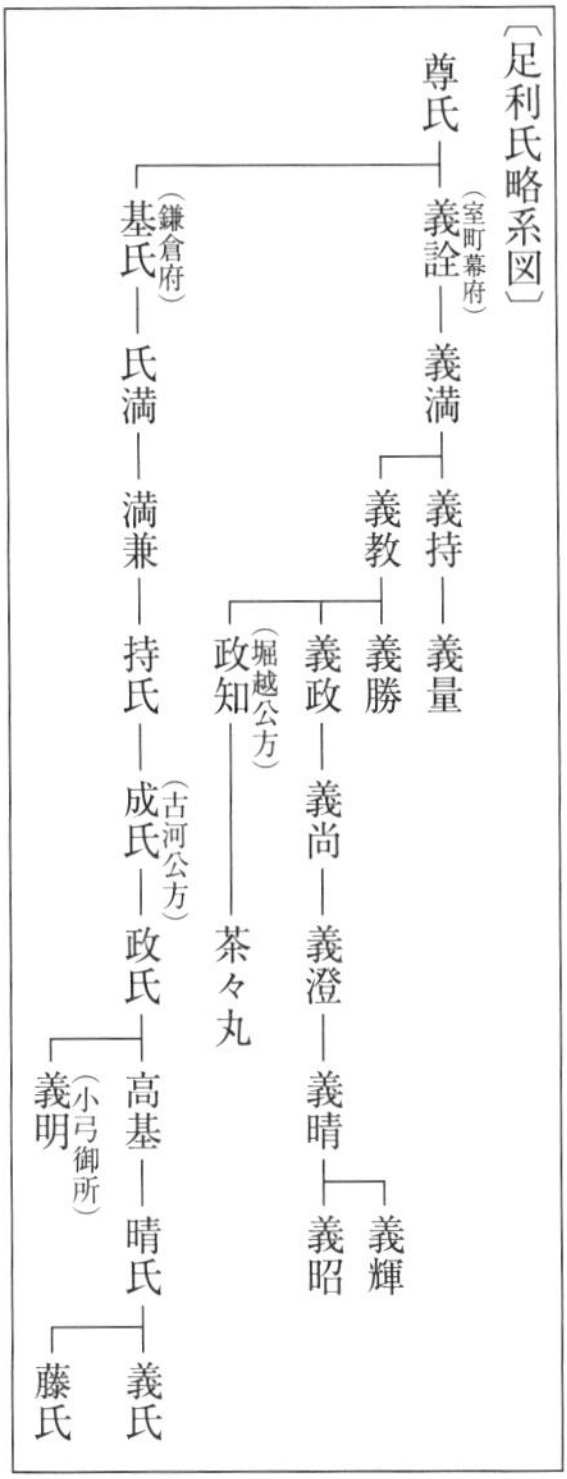

永禄八年十月には、足利義氏は北条氏康に子安郷が秋の台風の襲来で、田畑に大損害を被ったため、今年の年

貢を軽減してほしいとの郷民からの要求を伝えた。氏康は、それに答えて今年の年貢は一〇分の一を免除とした。この同年十月二十一日の足利義氏朱印状は生麦村（鶴見区）の関口氏が所持していたもので、戦国時代の子安郷は生麦も含む地域に展開していた。関口氏は戦国時代には北条氏に仕え、関口外記が生麦を知行していた。その子孫は、江戸時代には世襲して生麦村の名主を務めており、江戸中期から明治後期にかけて記された「関口日記」で知られている。子安郷は永禄年間には古河公方の支配に属していた。関口氏は生麦の開発領主であろう。

天正十一年（一五八三）四月には北条氏照が子安郷に朱印状を出し、前年に子安郷は日照りのために作物が実らず、郷民は氏照に年貢の減免を訴えてきた。そこで氏照は当年四月に郷村民を集めて被害の状況を聞き、審査した。その結果、関口外記の他、一三人の耕作する田畑の貫高を確定して、新田分も含めて総計九七貫文と算出した。その内の八七貫文は関口外記と一族四人のほか、百姓八人が関口外記の抱える田畠の耕作名請人の合計貫高と判明した。その八七貫文の内の二五貫文分の年貢は去年に納められており、残りの六二貫文の内の二〇貫文は免除と決まっているから、残りの四二貫文分の年貢を納めよと通告されている。子安郷の郷高は不明ながら、大百姓で北条氏に仕えている関口外記の耕作面積の広さは、大したものである。九七貫文の全部が田の面積であるなら、北条氏の貫高計算の一反五〇〇文の基準計算では一九四反となり一九町歩前後が関口外記の耕作面積となる。この日照りは天正八年から十年の間に子安郷を襲った災害である。

ここで足利義氏の母の芳春院殿（葛西様）について紹介したい。北条氏綱の娘として小田原城に生まれた芳春院殿は、天文八年（一五三九）八月に古河公方の足利晴氏に嫁いだ。晴氏にはすでに側室がおり嫡子もいたが、北条氏の政治的な配慮から正室として嫁いだのである。天文十二年に義氏を出産し、のち天文二十一年暮に義氏が古河公方に就任すると、北条氏康は将軍家足利氏の御一門衆になり、関東における政治的立場は有利になった。義氏はその翌年五月には下総国葛西城（東京都葛飾区）に入り、葛西様と呼ばれた。天文二十三年七月に足利晴氏が北条氏康から離反して古河城に移った後も、芳春院殿は義氏と共に葛西城に止まった。晴氏の謀叛は同年十一月に氏康によって鎮圧され、晴氏は相模国波多野（神奈川県秦野市）に幽閉された。晴氏は永禄三年（一五六〇）五月に下総国栗橋島（茨城県五霞町）で死去した。

芳春院殿は、その間の永禄元年六月に下総国関宿城（千葉県野田市）に移り、北条氏と古河公方との取次役を務めた。夫の離反により離縁していたと思われる。北条氏からは関宿城時代も葛西様と呼ばれていたらしい。天文二十三年十一月の北条氏康書状写に芳春院殿に宛てて「かさい」と見えている。その頃と推定される七月に、芳春院殿は「日本王天下光」という印文の朱印状を発給している。永禄四年七月九日に関宿城で死去した。法名は芳春院殿雲岫宗怡大禅定尼である。

さて、古河公方の足利義氏は、天正二年（一五七四）閏十一月の関宿合戦の後には、完全に北条氏の傀儡政権となり、栗橋城（茨城県五霞町）の北条氏照の後見を受け、その支配下となる。子安郷も知行主は足利義氏でありながら氏照の文書が出されてくることになる。

ここでは北条氏照について紹介してみよう。氏照は天文九年（一五四〇）頃に北条氏康の三男として小田原城で生まれた。兄の新九郎が天文二十一年死去し、次兄の氏政が氏康の家督を継いで北条氏の第四代当主に就任すると、その弟の氏照は強大な権力を付与されることとなる。幼名は藤菊丸と称し、弘治元年（一五五五）には下総国葛西城で挙行された足利梅千代王丸（のちの義氏）の元服式に氏康と共に出席している。氏照は十五歳前後で古河公方足利義氏の後見人と決まっていたらしい。しかし、永禄二年（一五五九）前後には大石綱周の養子となり、大石氏照と名乗った。居城は東京都八王子市の由井城といわれているが確実ではない。通説では滝山城（東京都八王子市）の城主といわれる。この頃から氏照は独自の朱印「如意成就」の印判状を自己の支配範囲に発給し、横浜市域には永禄十一年十一月に戸部郷（西区）に発給した。永禄十二年暮からは印文不明の小型印に変えている。天正十一年四月の子安郷宛の文書である。前期朱印状は多摩川上流域から入間川流域に、後期朱印状は古河公方領である利根川下流域に分布し、氏照のおよその支配範囲を知ることができる。

『小田原衆所領役帳』には、氏照が婿養子にはいる大石綱周の由井領が登場し、その中に戸部郷が見られ、知行役高は七二貫文である。天正二年閏十一月に古河公方の重臣の簗田晴助が北条氏政に攻略されると、氏照が本格的に足利義氏の後見人として行動し、栗橋城に入城した。氏照は合戦場では好戦的で戦上手といわれ、特に下野や上野・信濃方面の戦いで活躍した。豊臣秀吉との小田原合戦では主力として戦い、責任をとらされて天正十八年（一五九〇）七月に切腹した。

また、江戸時代の東子安村（神奈川区子安）の名主家の飯田氏に伝わる年未詳四月の永明軒東永の飯田太郎左衛門尉への文書には、足軽が子安で不法を働くことを禁止したとあり、戦国時代の子安郷には飯田太郎左衛門尉という武士もいたことがわかる。

戸部郷の武士たち

次は戸部郷に移ろう。戸部郷は京浜東北線の桜木町駅から北西の紅葉坂を登った一帯の紅葉ヶ丘や掃部山公園の背後に当たる。戸部郷の名は戦国時代から出現し、富部とも書いた。

天文十二年（一五四三）二月に、北条氏康は戸部郷の百姓中・代官に陣夫役は夫銭と定め、年間八貫文を納めさせた。陣夫とは武士が戦場に臨む時に、陣具や食料を運送する小荷駄隊の人足で、郷高四〇貫文に対して陣夫一人と馬一匹を徴用する、百姓に賦課された人足役である。陣夫の出陣のない年には、代わりに陣夫銭として一人年間八貫文を納める規定であった。この

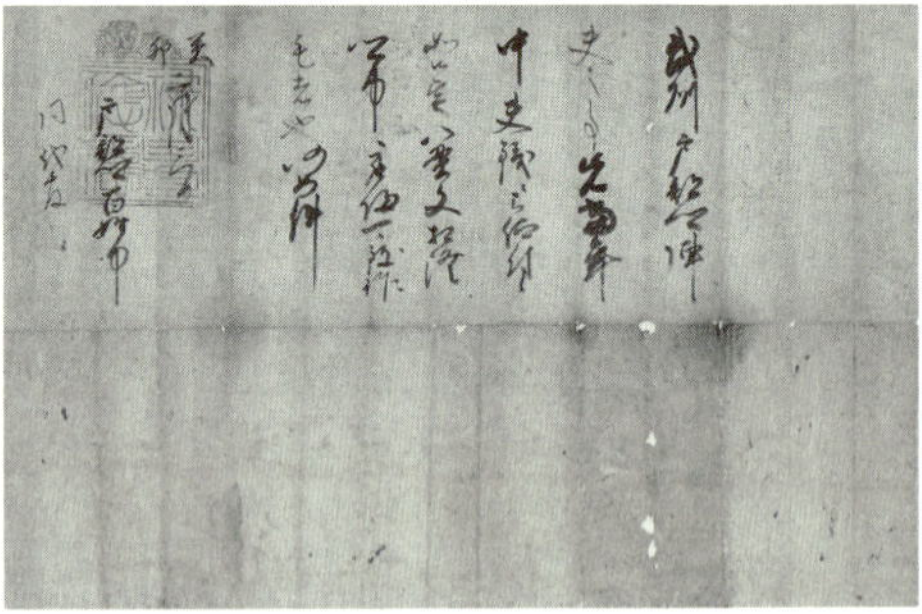

北条家朱印状　天文12年（1543）2月　上原雅春氏蔵
横浜市歴史博物館提供

文書は市郷（青葉区）の武士の上原氏の所持した文書であるから、戸部郷内の大鏡寺分の領主である上原出羽守の陣夫役の規定と知られる。上原氏については第一章第四節の「市ヶ尾の上原氏」の項で詳述した。

天文十七年正月には、北条氏康が上原出羽守に戸部郷内で七〇貫文を知行として宛行い、『小田原衆所領役帳』江戸衆に上原出羽守が見え、富部大鏡寺分で六七貫文、他国衆の大石綱周の知行として富部臨江寺分で七二貫文が見える。戦国時代の戸部郷は、上原氏の大鏡寺分と大石氏の臨江寺分に折半されていた。

大石綱周は、元々は関東管領山内上杉氏の重臣で、武蔵国滝山城の城主の大石道俊《どうしゅん》の嫡男である。道俊は武蔵国守護代を務める有力武士であった。嫡男の綱周は、最初は憲重を名乗り、のちに綱周と改名した。たぶん、北条氏綱の一字を拝領したものと思われる。とすれば、氏綱が死去する天文十年（一五四一）以前には北条氏に属する他国衆の一員に入っていたとわかる。弘治元年（一五五五）四月に綱周は、小田原城の北条氏康の許で和歌の会に出席し、氏康の三男の藤菊丸（のちの氏照）を綱周の娘婿養子に決め、家督をゆずる交渉をした。永禄二年（一五五九）には藤菊丸は「大石源三氏照」と文書に署名しており、すでに綱周の家督を相続していた。大石氏は北条氏の一門に列したのである。その頃には氏照は、由井城（八王子市）に居城し支城支配を開始した。綱周のその後は不明である。

『小田原衆所領役帳』他国衆の由井領とは、綱周から氏照が家督相続した直後の状況で、大石氏の旧領の一部を北条領として接収した。このため、由井領として記載された七か所の郷村の内で、富部臨江寺分だけは七二貫四二三文と知行役高が詳しいのは、『小田原衆所領役帳』の成立直前に、戸部郷は北条氏の検地を受けていた結果と思われる。

戸部郷は全域が元は山内上杉領であったが、北条氏綱の武蔵国南部への侵攻で北条氏に収公された。のちに臨江寺分と大鏡寺分に分割され、上原氏と北条氏照に宛行われ、一部は北条氏の直轄領となった。東京湾に面し帷子川の河口部にある戸部郷は、子安郷と同様に魚介類の豊富にとれる海浜の郷村で、北条氏照の御菜浦としても重要であった。永禄十一年（一五六八）十一月には、北条氏照は富部郷臨江寺分の船方中に、なまこ二〇〇杯・鯛五〇枚・たこ三〇盃を当月中に氏照の居城する下総国栗橋城に届けさせている。船で東京湾を経由して古利根川に入り、栗橋城に届けたものとわかる。船には生簀があったのであろう。

戸部郷の大鏡寺分は、江戸衆の上原氏の私領（知行地）であったが、郷村そのものは武蔵国久良岐郡に属したから、人足役は玉縄城に出仕する決まりであった。北条氏政は永禄十二年七月に、戸部大鏡寺分の百姓中に、玉縄城の塀の修築に人足六人を徴用して塀三間分を二日間で仕上げることを命じた。この城普請役は、その後も五年に一度の人足役として賦課され、人足は玉縄城の城主の北条氏繁の命令に服することと通達された。塀の部材は自弁であるから、百姓の負担は軽くない。

また、北条氏政は武田信玄と激戦の最中であった元亀二年（一五七一）三月には、戸部郷の大鏡寺分と臨江寺分の双方の小代官・百姓中に対して、武田勢は再び伊豆国方面に進撃してくることは必定である。現在は戸部郷の侍衆は、こぞって駿河国東部から伊豆方面に出陣中なので、近くの城々は守備兵が居ない空城になっている。そこで、戸部郷の百姓は、小代官の人口調査を受けて、兵役に適した男子の数を確認し、空城の留守番兵として徴用すると命じた。百姓等を軍勢に編入する非常事態の処置である。郷民には春の田植えの季節であり、働き手を使役されることは苦労の極であろう。しかも、兵役の年令は、北条氏では一五歳から七〇歳としており、当時の郷村男子で壮健な者すべてであるからたまらない。

この二年前には、上原氏領で年貢の未納が発覚していた。永禄十二年十月、三増峠（神奈川県愛川町）の合戦に際し、上原出羽守の一族の上原甚次郎が出陣したが、留守中の戸部郷大鏡寺分の秋の年貢が未納とわかった。そこで、未納分の田畠を確認し、その結果を小田原城の氏政に報告させた。もしも、申告漏れがあった場合には百姓頭を死罪にすると脅している。同年九月の三増峠の合戦は、武田信玄と北条氏との激戦で、北条勢が大敗北した。秋口の収穫時期をねらった武田信玄の相模国への侵攻は、郷村の疲弊を招き、郷村民が田畠を捨てて逃亡する事態を招いていた。戸部郷でも同様な悲惨な状況であった。上原出羽守の本拠は市郷であるが、戸部郷の知行地分の管理は一族の上原甚次郎が行っていたとわかる。

寺尾城と諏訪氏

武蔵国久良岐郡の北端で、鶴見川下流の河口部の近くに位置する寺尾郷は、現在の横浜市神奈川区と鶴見区の区境に位置する。京浜東北線の鶴見駅の西側に当たる。

寺尾郷は、南北朝時代初期の建武元年（一三三四）には、阿波国（徳島県）守護の小笠原長義が地頭職を務めていた。戦国時代には、北条氏康の家臣の諏訪三河守が知行している。『小田原衆所領役帳』には江戸衆の諏訪三河守の知行役高として久良岐郡寺尾、二〇〇貫文とある。注意したいのは「久良岐郡寺尾」の記載方法で、江戸時代の寺尾村は武蔵国橘樹郡に属しており、江戸初期に久良岐郡と橘樹郡の郡境が移動したとわかる。なお、江戸中期には寺尾郷は、西寺尾・東寺尾・北寺尾と馬場の四か村に分村している。この馬場村の地域に、戦国時代の領主の諏訪氏の寺尾城が所在した。寺尾郷の西端である。城址は現在の鶴見区馬場三丁目にあり、馬場城とも呼ばれる。諏訪氏については後述する。

広大な寺尾郷の一部の二〇〇貫文分は諏訪氏の知行役分であったが、残りは北条氏の直轄領で、代官の塩田氏が支配していた。永禄六年（一五六三）八月に、北条氏政は寺尾の代官と百姓中に畠の耕作税である懸銭を検見《けみ》施行の結果として増徴し、三貫余文を小田原城に納めさせた。検見とは検地の代わりに郷村民の申告を聞いて郷村高を決める方法で、寺尾の場合は、検見奉行を派遣して調査させたが、新田開発分が申告漏れと判明した。そのため懸銭を増徴したと説明している。寺尾郷が開発途上にあったとわかる。

元亀元年（一五七〇）二月には、北条氏政が寺尾の百姓中に、大普請役として一〇人の人足出役を命じた。前年に武田信玄の攻撃を受けた小田原城の修理のためである。大普請役は郷高二〇貫文に人足一人の割合で一〇日間を賦課したから、二〇〇貫文の郷高では一〇人の人足分と計算できる。諏訪氏の知行役高が二〇〇貫文であることから、この人足賦課は諏訪氏の知行分かも判らない。旧暦の二月は現在の三月に当たり、春の耕作寸前の農閑期に当たろうか。

同年四月の春麦の収穫が終わった頃に、北条氏康は寺尾の百姓中に、五月末までに麦で納める正木棟別銭の納入を命じた。納税高は三斗五升入りの麦俵で五六俵分で、役高では五貫六〇〇文になる。ついで秋口の八月末には北条氏康が、米の収穫時期をねらって棟別銭と反銭の納入を命じてきた。戦国時代の北条領国の郷村には、年貢のほかに反銭・懸銭・棟別銭を基本三税として賦課していた。反銭は田の耕作税、懸銭は畠の耕作税、棟別銭は武士や百姓の家屋税である。この時の反銭は一六貫文、棟別銭は九貫余文で合計二五貫余文と計算されていた。この納入は米で玉縄城に運ばれた。米俵は三斗六升詰めで、棟別銭は九月十日、反銭は九月末までと納入期限が決まっていた。寺尾郷の一部は北条氏の直轄領であったが、久良岐郡下のため、玉縄城の支配領域に入っていた。

寺尾城址　平成23年撮影　鶴見区馬場

かてて加えて、寺尾郷には伝馬役も賦課されていた。伝馬とは街道の宿場から宿場に馬で荷物を運送する業務で、郷村の馬と馬の口取り人足（馬子）を徴用して使役する制度である。寺尾郷の代官の塩田家には、江戸城城代の遠山直景の伝馬手形が伝わっているので、伝馬役を賦課されていたと判明する。当時の郷村には、いかに多くの税負担が掛かっていたかを如実に示している。これらの文書を伝える塩田家は、江戸時代には鶴見村（鶴見区）の世襲名主を務めている。

寺尾郷の領主の諏訪氏を紹介しよう。東急東横線の菊名駅の東方の鶴見区馬場三丁目の寺尾城址は、横浜市立東高校の北側の入江川沿いの丘陵上に所在し、現在も部分的に空堀や土塁の址を残している。寺尾城の城主の諏訪氏は信濃国の諏訪氏の出と伝える。城址の西方にある建功寺の記録には、城の南に位置する白幡神社は永享七年（一四三五）に諏訪氏が創建したと記しており、北条氏が相模国に入国する以前から寺尾に根を下ろした武士と判明する。東寺尾の諏訪坂という地名は諏訪氏の屋敷があった所と伝え、寺尾城に移る前の居館かもわからない。『鎌倉公方九代記』では、明応四年（一四九五）に伊勢宗瑞が小田原城の大森実頼を攻略した後、扇谷上杉朝良の許に使者にたった諏訪右馬助《うめのすけ》は「武州寺尾の住人」と見えている。宗瑞は扇谷上杉朝良との協力で相模国に侵攻したので、諏訪氏も扇谷上杉氏の家臣と思われる。『北条記』には天文二十三年（一五五四）の駿河国加島（静岡県富士市）の武田信玄との合戦では、北条氏康の家臣で玉縄衆の諏訪右馬助が一番槍の功績を立てたという。建功寺の過去帳には、右馬助—三河守—平三郎—三河守—馬之丞と、当主が続いたと記す。

近年には、空堀の先端から瓶一杯の中国製の古銭一九六七枚が出土した。中世に流行した備蓄銭であろう。鈴木公雄氏の『出土銭貨の研究』（東京大学出版会刊）では十五世紀以後の備蓄銭と推定している。なお、埼玉県川越市寺尾にも戦国時代の諏訪右馬亮《うめのすけ》の城址が残る。右馬亮は北条氏康の使者を務めており、寺尾郷の諏訪氏の一族の可能性がある。

第三節　本牧岬の武士たち

本牧郷と平子氏

横浜港の南に張り出した本牧岬は、東京湾を挟んで千葉県木更津市との最短部に当たる。その本牧岬北部の元町・石川町から南の根岸・磯子までは、中世では平子《たいらこ》郷と呼ばれて、戦国時代に本牧郷と改称されていた。平子郷の呼称は、領主の平子氏の名前による。鎌倉市二階堂に小字で平子があるという。

平子氏は、平安時代の三浦半島の名族の桓武平氏の一族三浦氏から分かれた支族である。山形県長井市の平子氏所蔵の系図によれば、三浦党の祖の為通の子の久良岐次長《つぐなが》が平子氏を名乗り、その嫡男次長（父と同名）―弘長―有長と続く。弘長には嫡男有長と次男経長《つねなが》がおり、有長は平子郷を、経長は平子郷内の本牧・石川を所領とした。有長は元暦元年（一一八四）に磯子の真照寺を再建し、その近くに屋敷を構えたという。平子郷は本牧・石川・根岸・禅馬・磯子の地域に展開した広大な郷村である。現在は禅馬の地名は町名としては消滅したが、岡村（港南区）・滝頭・磯子の地域で、磯子の真照寺は禅馬山三郷院と号した。その近くには禅馬山があり、有長の屋敷址に隣接する。

平子有長の弟経長は、鎌倉幕府から越後国（新潟県）山田郷の地頭職を得ていたが、平子郷の一部の地頭職でもあった。ここに本牧地域の所領主は、平子有長と経長の二流に分かれたことになる。本家の有長の家系は、嫡男有員から一三代目で戦国時代の平子牛法師丸房長に至る。代々続いて平子郷の領主であった。房長は関東管領で上野・武蔵・伊豆各国守護の山内上杉顕定に仕え、その重臣に昇格していた。房長の祖父朝政は越後国守護の上杉房定に仕えていたから、房長も越後国との関係を持っていた。伊勢宗瑞が横浜市域に侵攻してきた永正九年（一五一二）から三年前の同六年に、房長は山内上杉顕定から軍勢の催促を受けて、越後国への出陣命令を受けていた。

伊勢宗瑞の横浜市域での初見文書になる永正九年十二月の平子房長宛の制札には、本牧四か村と領主房長に、伊勢宗瑞家臣が本牧四か村に諸役を賦課したら、即刻に宗瑞に申告させ、軍役は伊勢家に務めさせ、他の上杉方が申してきても拒否させている。この命令から平子房長が宗瑞に敵対する山内上杉家の家臣と知りつつ、宗瑞が平子氏を味方に誘っていることは明白であろう。しかし、結果として房長は伊勢宗瑞に従わず、山内上杉氏の家臣として越後国に去っていった。この後は本牧地域には平子氏関係の文書は一切見られなくなる。入部してきた伊勢氏（のちの北条氏）の文書からも平子郷の呼称は無くなり、代わりに本牧郷の名称が登場してくる。敵対して他国に去った平子氏の本拠の平子郷の名前を嫌った北条氏の意識の結果と思われる。鎌倉時代初期から三〇〇年間も平子郷の領主であった平子氏の支配の終息であった。

平子氏の館址は、磯子区磯子八丁目の真照寺から北の腰越公園・北磯子団地の一帯で、南を禅馬山と伊勢山に囲まれた腰越山の上に所在したと伝える。近年まで平子有長の使った井戸が滝頭に残っていたともいう。

その後に本牧郷に入部したのは、北条氏の食客で武蔵国世田谷城主の吉良氏である。吉良氏については第二章第四節「蒔田城の吉良氏」の項で述べる。

北条氏時代の本牧地域は、吉良氏の領地は別として、その多くは相模国玉縄城の支配範囲であった。玉縄城の支配範囲は相模国東郡（旧来の鎌倉郡と高座郡）・三浦郡と武蔵国久良岐郡である。『小田原衆所領役帳』の玉縄衆の筆頭に登場する北条綱成（北条氏綱の娘婿）の知行役高として、久良岐郡本牧の内で一〇〇貫文、他に本牧の内の橋本跡で五〇貫文と見える。玉縄城主の北条綱成は、合計一三七〇貫文の高額の知行役高を持っていたから、本牧の内の合計一五〇貫文は、その一部であった。天文十九年（一五五〇）の文書には、本牧郷の郷村高は五〇〇〇貫文と計算されている。

さらに、同帳には玉縄衆の関新次郎の知行役高として、久良岐郡富岡（金沢区）・一〇〇貫文が見られ、そこは本郷を他人から買得した知行の替わりとして下されると注記している。これは新次郎が他人から買い取った本牧本郷の地の知行を北条綱成が拒否し、替わりに富岡で知行を与えたと解釈される。本郷とは本牧本郷（中区）と推定され、綱成の知行役高に見える本牧のことであろう。本牧本郷は江戸時代には間門・牛込・原・宮原・台・箕輪の地としており（『新編武蔵風土記稿』）、現在の本牧間門・本牧原・小港町二丁目の一帯の地であった。北条綱成が本牧本郷の地を関新次郎が知行するのを拒否した理由は、多分、房総方面への湊である小港があったためで、本牧岬における東京湾の湊の確保が目的であったと思われる。

それに関連して、同帳の綱成の項に本牧の内の橋本跡で五〇貫文と見えることも注目される。『新編武蔵風土記稿』本郷村の記載には、旧家者として橋本氏を載せている。小港近くの十二天（現在の本牧神社）の別当寺の多聞院の古過去帳には、橋本伊賀守が見え、本郷村の内に上屋敷があり、真言宗千蔵寺を墓所としている。同家には、天正十五年（一五八七）四月の北条家朱印状が伝わる。本牧は北条氏の直轄領として小田原城の御菜浦が設定されており、鯛を専門に捕獲する葛網《かつらあみ》の設置を許可されている。橋本伊賀守は、その管理者であった。もと橋本氏の知行した本郷の海浜部を北条綱成が収公したため、橋本跡となったと想像できる。

玉縄衆にとって、本牧の湊は東京湾を渡って、対岸の上総国木更津方面へ向かう重要な基地であった。橋本氏といえば、流通商人の橋本四郎左衛門が北条氏家臣として活躍した。四郎左衛門は紀伊国（和歌山県）の水軍で、房総の里見氏との抗争が激しくなった北条氏康の時代に、水軍強化の一貫として北条氏に雇われた人であった。東京湾の海上で水軍として行動したが、

北条氏繁判物　天正４年（1576）７月　堤真和氏蔵　横浜開港資料館保管

流通商人としても活動した。四郎左衛門は玉縄城主の北条為昌の家臣から北条氏康の家臣になっているから、伊賀守は、その子か一族の者と推定される。いずれにしろ、本牧の地は東京湾に面した湊として重要な意味をもっていた。東京湾内には時計廻りに沿岸部を北流する海流があり、本牧沖から江戸・木更津沖を抜けて富津岬に到達していたためである。

天正四年（一五七六）七月に、本牧郷から対岸の半《はん》手《て》郷《ごう》（北条氏と里見氏に折半して年貢を納める両属の郷村）に里見方へ年貢を納めることを小田原城の北条氏政が拒否したため、北条綱成の息子の氏繁は、本牧から木更津までの海上中にあてて、代わりに海上通行を保証する通行手形を発給して与えた。房総方面の東京湾岸には半手郷が多く存在し、北条・里見双方ともに、その管理には苦慮していた。当文書を所持する堤家は、江戸時代には磯子の村役人を務め、明治初年には日本で初めて石鹸を製造した堤磯右衛門の出た家とし

て著名である。

本牧と玉縄衆の支配

本牧の湊は玉縄衆にとって対岸の上総国への渡航基地として重要であったが、では内陸部の支配はどのように進められたのであろうか。次に、このことを述べてみたい。

天文十四年（一五四五）六月に、北条氏康は本牧郷石川村（中区）の宝生寺の門前に郡代が諸役を賦課するのを禁止させた。宝生寺は現在の南区堀ノ内町一丁目に所在する古刹である。地図で見ると現在の石川町と堀ノ内町とは、随分と距離が離れているが、戦国時代には石川村の内であった。宝生寺は平安時代末期に創建され、のちに平子氏の菩提寺として繁栄した高野山真言宗の寺院である。天文十一年に玉縄城の城主の北条為昌が死去したため、玉縄城領であった本牧の一帯は、一時期は小田原城の北条氏康の直接支配下に置かれたものと思われる。天文十一年十一月には、北条為昌の未亡人が宝生寺の寺領の検地を行っており、宛所に為昌の旧臣が多く検地奉行として見えるので、宝生寺の寺領はもと為昌の支配地、つまり玉縄城領の内であったと判明する。

天文十九年四月には、北条氏康が本牧郷の郷高を五〇〇貫文と定め、懸銭は本来ならば三〇貫文のところ、減額して二〇貫文を六月と十月の二回に分けて納めさせ、併せて陣夫・廻陣夫・

大普請役の役務と玉縄城へ城米銭の納入を命じた。懸銭の納入場所は不明である。さらに当文書には、前年来の飢饉により本牧郷から百姓等が田畠を捨てて、他村に逃げていったらしく、帰還すれば借金を棒引きにすると帰村を促している。かなりの危機的な状況であった。永禄二年（一五五九）三月には、北条氏康は房総の天神山城（千葉県富津市）の正木時治に、玉縄衆等が三浦半島の浦賀城に集結して、支援体制をとっていると知らせた。本牧郷の玉縄衆も参陣したことは確かであろう。永禄六年六月には、玉縄城領の相模国東郡・三浦郡と武蔵国久良岐郡の全域の郷村に、玉縄城の修築工事を命じ、郷高に応じて人足役を賦課した。本牧は一五〇貫文の知行役高に対して人足役が掛かっていた。人足は城塀の部材を用意して玉縄城に詰めて城普請に使役されたのである。この使役は五年に一度の規定である。同様の内容の文書は二年後にも出されている。

宝生寺本堂　平成23年撮影　南区堀ノ内町

この頃から以後は、三浦郡域は玉縄城の支配を離れて、駿河国から帰国した北条氏規を城主とする三崎城（神奈川県三浦市）の城領に編入された。しかし、本牧も含めた久良岐郡は玉縄城領のままである。前述のとおり、永禄十二年七月には、北条氏政は戸部郷に玉縄城の普請を命じており、北条氏繁の命令通りに働かせている。本牧の玉縄領にも同様の命令書は発せられたはずである。永禄十二年から、武田信玄が駿河から伊豆国方面に侵攻してきた。北条氏は全軍で駿河方面に出撃したが、玉縄衆は駿河国深沢城（静岡県御殿場市）に籠城して武田軍の進撃に備えていた。本牧の侍衆も参加したことは言うまでもない。

天正三年（一五七五）八月に、北条氏政が玉縄城主の北条氏繁に、対岸の房総の一宮城（千葉県一宮町）の正木種茂《たねしげ》が里見義弘に攻められて危険な状況となり、その救援のために兵糧米一四〇俵を船で搬入するように命じている。本牧の湊も使用されたものと思われる。翌年七月に、北条氏繁が治める本牧に対して半手郷への年貢米の輸送を北条氏政が禁止したことは、先に述べたが、このことは本牧の米が一宮城の兵糧米として搬出できなくなる危険性を考慮したことと関係しよう。同年九月の日蓮宗僧侶の日学書状には、一宮城への救援として北条綱成が軍船二〇〇隻を房総に派遣したと見えており、東京湾岸の玉縄領の湊の船がしばしば軍船として徴発されたことは疑いない。

大賀郷の萩野氏

大賀郷（南区大岡、港南区上大岡東・上大岡西）は本牧岬の付け根の内陸部に位置する戦国時代の郷村名である。京浜急行の上大岡駅の周辺になる。大賀郷も玉縄城領に含まれ、玉縄北条氏の支配に属していた。当時の大賀郷の領主は萩野氏であった。

萩野九郎三郎《くろうさぶろう》は玉縄城主の北条為昌に仕えていた。天文十一年（一五四二）に為昌が死去すると、その家臣団は北条氏康・北条幻庵・北条綱成に三分されて編入された。九郎三郎は玉縄城の綱成に配属されたらしい。同年十一月の宝生寺（南区堀ノ内町）の寺領寄進状では、為昌の遺領検地の検地奉行の一人に九郎三郎が見えている。天文十三年十月には、北条氏康は房総の里見勢との戦いで九郎三郎が殿軍《しんがり》を務めて忠節を尽くし活躍した功績を認めて、感状を与えた。この戦いは、東京湾の対岸の館山沖の海上で、里見方の水軍と北条水軍が戦った海戦と記されているから、九郎三郎は本牧の湊から出撃したに相違あるまい。また、大賀郷と神奈川湊とは大岡川の水運で直結しているから、神奈川湊から発船した可能性もある。

『小田原衆所領役帳』には江戸衆に、萩野某、久良岐郡大賀郷・一〇〇貫文とあり、天文十二年の検地増分が加えられて合計の知行役高は一七七貫七三二文と記されている。この検地は玉縄城主であった北条為昌の遺領検地の結果で、萩野九郎三郎が元は玉縄城主に属した侍と判明する。のちに江戸衆に所属替えになった。通常ならば検地増分は、北条氏に収公されるのが決まりであるが、九郎三郎の場合には、里見水軍との戦いの勲功の賞として、検地増分を宛行われたと思われる。

ここで、注目することがある。同書に萩野九郎三郎の前後には、江戸衆の伊丹康信と森新三郎が記されている。康信の知行地の久良岐郡釜利谷（金沢区）と新三郎の知行地の久良岐郡井土ヶ谷（南区）は共に天文十一～十二年の為昌の遺領検地を受けたと注記されている。検地増分の記載の注記として、「この検地増分の知行役は、惣検地の上で改めて役高を決める」と萩野九郎三郎・伊丹康信・森新三郎の久良岐郡内の郷村に、わざわざ記している。つまり、この三人は、全て元北条為昌の家臣として玉縄城に属した侍の一群であったと判明する。かれらは、こぞって江戸衆に編成替えを受けたのである。この他に、久良岐郡内の郷村で為昌の遺領検地を受けた所は、多々久（南区・港南区）・杉田・岩間（保土ヶ谷区）・太田郷（南区・西区）・山内本郷（栄区）・日野（港南区）・金沢で、この時に久良岐郡は集中検地を施行されているので、元は北条為昌の支配地と判明した。

一度は江戸衆に属した萩野氏は、九郎三郎の嫡男主膳亮の時代には、再び玉縄衆に編入されて活躍した。玉縄衆の重臣の行方《なめかた》与次郎の配下である。行方与次郎は江戸領で多摩川の河口部になる羽田の領主である。羽田は東京湾に面した湊で、行方氏は船の管理を任された水軍大将でもあった。その行方与次郎に元江戸衆の萩野氏が配置されたということは、里見水軍との抗争が激化してきた北条氏にとって、東京湾の海上防衛は、久良岐郡の湾岸部の湊を支配する玉縄城主に任せるしかなく、水軍を編成強化して、それに対処した結果である。北条為昌の配下として、伊豆国西海岸の水軍の山本氏が、東京湾の海上防衛の水軍総大将に任命されていた。

その配下として神奈川の矢野氏、羽田の行方氏、杉田の間宮氏、釜利谷の伊丹氏等が水軍を率いて活躍したのである。萩野氏が玉縄衆―江戸衆―玉縄衆と変遷したのも、北条氏の水軍強化策の結果と解釈すれば納得がいく。

萩野氏は下総国金町（東京都葛飾区）にも知行地を持っており、古利根川下流に位置する湊である。そこは大賀郷から利根川に入る地点であるから、水軍の運営には便利であった。蒔田城の吉良氏や戸部郷の上原氏も江戸衆でありながら、多摩川を越えた久良岐郡内に知行地を持っているのも、水軍の補強策の現れと捉えられる。戸部からは栗橋城（茨城県五霞町）に船で魚介類を運送させている。東京湾の海上防衛については、第四章第二節でも詳述したい。

さて、萩野九郎三郎の嫡男主膳亮は天正七年（一五七九）七月に、北条氏政から下総国沼森（茨城県八千代町）で結城勢との戦いでの忠節を認められ、感状を与えられた。沼森は鬼怒川に沿った所で、鬼怒川は利根川の支流になる。当時の利根川の下流は、現在の隅田川で、沼森は東京湾と直結していた。本牧岬の湊から水軍で出撃した主膳亮は、沼森で敵前上陸し、結城勢と戦ったのであろう。この時の利根川は洪水の真っ最中で、川船操作の苦労が偲ばれる。

天正十年（一五八二）五月に北条氏勝は萩野主膳亮に、大賀郷内の大蔵屋敷について、以前は氏勝に任されていたが、郷村の百姓が不満を訴えてきたので、今後は主膳亮に管理を任せると伝えた。大蔵屋敷はよく植林されて樹木が繁茂しているから今後も念を入れて管理し、郷民に竹木の一本も伐採させず監督してほしい。もしも、玉縄城で修築のための竹木が必要な時には、氏勝から直接要求するから、無届けの伐採を禁止とすると命じた。大蔵屋敷の地は空き屋敷で樹木が繁った森であったとわかる。郷民が不満を訴えた理由は判然としないが、この森を郷民が入会地に利用していたため、玉縄城主の北条氏勝の直接管理ではやりにくい面があったものと思われる。領主の萩野氏が管理すれば、田畠の増産にもとずく入会地の利用がやりやすくなるのは当然である。この北条氏勝の命令書には下草のことは述べられておらず、田畠の肥料に使う下草の管理と樹木の管理は郷民に任されたと推定される。

この文書の年月日の脇には、奏者《そうじゃ》（下の者から城主への取次役）は行方与次郎と注記されており、与次郎は玉縄城で執務し、当文書を発給したとわかる。大蔵屋敷については、盛本昌弘氏の指摘があり、戦国時代末期の文禄三年（一五九四）の大賀郷の検地帳の分析により、平戸氏の屋敷跡と判明している。

天正十年十月には、北条氏勝は萩野主膳亮に大蔵屋敷分を知行地として宛行った。森林ではあったが知行役として軍役と諸役が賦課され、当地の小代官にも任命された。萩野氏は以前から大賀郷の小代官も務めており、小代官給として役料五貫文を支給されていたと知れる。小代官とは郷村支配の村役人である。当文書の最初に奏者は行方与次郎と注記されており、どうやら行方与次郎は元江戸衆から玉縄衆に編入された水軍衆の奏者を務めていた形跡がある。

天正十五年十二月に、北条氏勝は萩野越中守に本牧根岸村（磯子区・中区）の宝積寺から寺領を他人に横領されたと訴えが届けられたと知らせた。しかし、前々の寺の状況が氏勝には判らないので、同寺所持の以前の証文を見せて、訴えた出家に尋問したが、訴えの内容と相違しており、後は越中守に任せるから審議してほしい。ただし、地蔵免については昔からの免田と判明しており、これは注意してほしいと伝えた。宝積寺は南区堀ノ内町の宝生寺の末寺で、戦国時代の中興という。この時には主膳亮は受領の越中守を名乗っていた。本牧根岸村は距離的に判断して大賀郷の内とは思われない。しかし、大賀郷と根岸村は大岡川と支流の中村川で直結しており、川船の通行は可能である。ある時に根岸村も萩野氏に宛行われていたとわかる。

根岸村は東京湾に面した海浜の郷村であり、本牧岬の付け根に当たるから波の静かな湊に適した所である。本牧岬の突端は東京湾の湾岸地帯としては海流の流れがきつく、湊としては突端を外した小湾に設置するのが安全な方法であった。幕末の古写真では本牧小港も小岬の内側であり、神奈川湊も入り海の奥である。根岸も根岸湾の奥にあるから波静かな湊として便利であった。本牧岬の周囲の海浜部は昭和三十年代に埋め立てられ、工場地帯や港として開発されたので、中世の地形を想像しにくいが、幸いにも明治中期の古写真や地図が多く残っている。江戸時代後期の『新編武蔵風土記稿』では当時の状況を活写しているので、海岸線の復元は可能である。しかし、江戸時代以前の地形については復元しにくく、古文書等の表記から想像するしかないのが実状である。

太田郷と永田郷

太田郷（南区）は大岡川の下流域で、京浜急行線の南太田駅の南周辺に当たる。近くには横浜商業高校がある。

太田郷は古くから開発された郷村で、郷内には奈良時代に弘明寺が創建され、鎌倉時代には源氏の祈願所となった。高野山真言宗の弘明寺本尊の十一面観音立像は平安時代の様式で、木造鉈彫の典型として国重要文化財に指定されている。同寺には『新編武蔵風土記稿』に明応九年（一五〇〇）十月の年記銘の鰐口があり、それには「多々久郷弘明寺」とあると記載している。多々久郷は戦国時代には太田郷とは別の地域なので、もしくは弘明寺の地域は多々久郷の内であった可能性もある。

戦国時代初期には、太田郷は扇谷上杉朝良の支配下で鎌倉の宝積寺の寺領が存在した。その頃には四月に相模国守護代で朝良の家臣の上田正忠が太田郷に関する書状を出している。正忠は権現山城の城主であり、その支配に属していた。大永元年（一五二一）十二月の年記銘の弘明寺の扁額には「神奈住人　端山国重《はやまくにしげ》」が奉納したとある。神奈は神奈川のことであろう。端山氏は神奈川の流通商人と思われ中世には富裕の人であり、上田正忠の配下と思われる。

永正年間（一五〇四～二一）には太田郷は伊勢宗瑞・氏綱の支配するところとなった。天文二年（一五三三）三月に北条氏綱は、弘明寺に寺領として一三貫七〇〇文を寄進し、檀家の供養と寺の修造を依頼した。奉者《ほうじゃ》は石巻家貞で、『小田原衆所領役帳』御馬廻衆に石巻家貞の知行役高の一部として、小机多々久・九〇貫七〇〇文とあり、久良岐郡下の郷村と同様に天文十一年の北条為昌の遺領検地を受けている。家貞も元は玉縄城の北条為昌の家臣であり、為昌の死去後に小田原城の北条氏康の家臣に編入されて御馬廻衆になり、やがて相模国西郡の郡代を務める重臣に成長した。御馬廻衆の筆頭で評定衆も務めている。この時の太田郷の領主は朝倉又四郎で、久良岐郡太田郷・一三六貫余文と見える。北条氏の支配体系では太田郷と多々久郷は書き分けられており、別郷とわかり、弘明寺の地は多々久郷の内と判明する。

太田郷の朝倉又四郎も天文十一年の北条為昌の遺領検地を受けている。元は為昌の玉縄城に属した家臣で、のちに御馬廻衆に編入された。朝倉氏は越前国（福井県）の大名の朝倉氏の一族で、駿河国の今川氏親に仕えた。のち伊勢宗瑞の家臣となり伊豆国に入部した。玉縄城の第二代城主である北条為昌（北条氏綱の三男）の正室は朝倉氏の娘養勝院殿で、為昌が若くして天文十一年五月に死去すると、為昌の養子の北条綱成が第三代の玉縄城主に就任した。そのため、為昌の遺臣には朝倉一族が多く、又四郎もその一人である。養勝院殿は伊豆国の朝倉氏の娘と記録に見え、また、『小田原衆所領役帳』玉縄衆の筆頭の北条綱成に次いで朝倉孫太郎が記載されており、本拠は伊豆国下田（静岡県下田市）である。下田は伊豆では良港として知られ、駿河国から相模国に向かう太平洋航路の寄港地として重要な湊である。

朝倉孫太郎は養勝院殿の父親、もしくは姉弟の関係と推定される。孫太郎の一族（もしくは兄弟）の右馬助は三浦の浦郷（神奈川県横須賀市）を知行、御馬廻衆の朝倉右京進は伊豆の鎌田（静岡県伊東市）、朝倉孫太郎は下田の他に三浦の三戸（神奈川県三浦市）を知行しており、朝倉一族はいずれも湊である所に本拠を据えている。太田郷も根岸村という湊に直結していた可能性は高いのである。

永禄十年（一五六七）十月に、北条氏政は弘明寺の門前町に市場の規定を下した。参詣人の不法や喧嘩・口論の禁止、諸商人への市場税の免許を申し渡し、市場の繁栄を策した。現在でも弘明寺駅から弘明寺に至る観音通りは、商店の密集する商店街として賑わっており、横浜の人にはとみに知られている。それは戦国時代以来の伝統であると言えよう。

太田郷の北西に隣接する永田郷（南区）は今井川の流域に位置する。戦国時代から見え、永禄二年の『小田原衆所領役帳』本光院殿衆（北条為昌）の一人に、宅間殿が永谷（港南区）を本拠に、ほかに良岐郡長田・五〇貫文、肥田中務丞《なかつかさのじょう》と見える。宅間氏については、宅間富朝との説もあるが、湯山学氏の研究によると、高野山桜池院の「鎌倉御所方過去帳」により、上杉氏の支族の宅間上杉乗国—憲方《のりかた》—房成《ふさしげ》—富朝—弟の規富《のりとみ》—忠次と続いたと判明している。

伊勢宗瑞が横浜市域に侵攻した頃の人は、乗国か憲方の時と思われる。永正七年（一五一〇）から永禄二年までは五〇年間である。

上杉憲方は相州永谷殿と称せられ、享禄三年（一五三〇）二月に死去した。永谷郷内の後山田（戸塚区）に父乗国の菩提寺として徳翁寺を創建している。乗国は大永元年（一五二一）七月に死去した。憲方の跡は房成が継ぎ、年齢から『小田原衆所領役帳』に見える人である。房成・富朝父子は永禄七年正月の下総国国府台（千葉県市川市）の合戦で里見勢と戦い、ともに討ち死にした。永谷に屋敷地があったとわかる。肥田中務丞は宅間氏の代官であろう。富朝の室は諏訪部《すわべ》定次の娘、富朝の娘は北条氏照の家臣間宮綱秀の室になる。富朝の跡は弟の規富が継いだ。天正十六年（一五八八）十月に北条氏直は、規富の知行地を不入として諸役を免除した。宅間規富は北条氏の滅亡後は徳川家康に仕えて四〇〇石取りの旗本になり、元和七年（一六二一）正月に死去した。室は遠山綱景の娘。嫡男忠次も徳川家康に仕えて三八五石を拝領した。瀬谷区二俣川の三仏寺に宅間上杉氏系図が伝わる。

永田郷の小代官を務めた服部氏の古文書が四通、当地の小野家に所蔵されているので紹介しておこう。天正九年八月に北条氏直は、永田の代官・百姓中に反銭の増分として以前の倍額の一〇貫三六〇文を納入させた。この年は北条氏政から氏直が家督相続した直後で、本来ならば代替わり検地を施行すべきであるが、今は多忙なため検地は止め、代わりに反銭を倍に増徴し

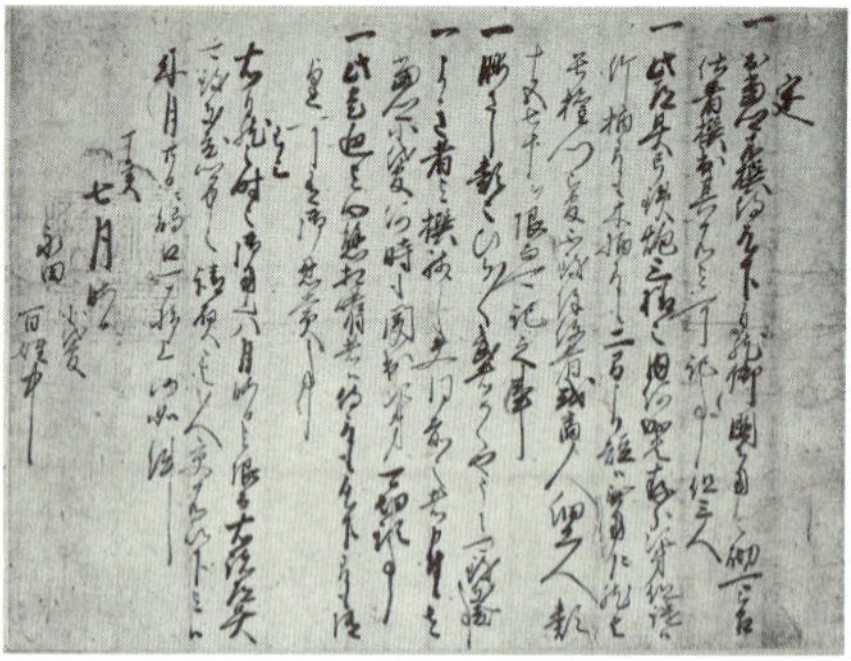

北条家朱印状　天正15年（1587）7月　小野哲男氏蔵　横浜市歴史博物館提供

たと説明した。納入には米ばかりを納めるのは運送の苦労があろうから相当額の黄金・銭・絹布・麻・漆等でもよい。十月晦日までに完納せよ、と命じた。北条氏の全郷村には年貢の他に、反銭・懸銭・棟別銭が賦課されていた。

天正十五年（一五八七）に入ると、豊臣秀吉の北条攻めの危機が目前に迫ったため、北条氏はその対応に専念しはじめる。同年七月晦日には、北条氏直は永田の小代官・百姓中に対して、豊臣勢との決戦が近いので永田の百姓三人を足軽に仕立てて徴用すると命じた。武器は弓・槍・鉄砲の内から手慣れたものを用意させ、旗差し物を装着し、年齢は一五歳から七〇歳までの壮健な男性と規定した。まさに決戦体制の到来である。

豊臣秀吉の北条攻めは、天正十八年四月から開始された。永田は玉縄城の支配範囲である。同年四月中旬には豊臣勢の先鋒隊の徳川勢が玉縄城を攻囲した。その頃に玉縄城主の北条氏勝は、永田郷に、徳川勢の来襲で郷村民が恐怖のために萎縮しているが、玉縄城の防備は堅固であるから安心せよと通告した。しかし、郷民は安心出来ず、服部氏が敵方の豊臣秀吉の禁制を陣中に行って貰い受け、郷内で敵兵が乱暴を働かないよう対処した。

玉縄城は、その月末には開城して徳川家康に降伏した。領主の宅間上杉規富も城を出て、のちに徳川家に仕えたのである。当郷の小代官を務めた服部氏は、江戸時代は永田村の名主を務め、明治維新を迎えた。

第四節　蒔田城の吉良氏

蒔田の公方様

戦国時代の領主であった吉良氏の居城の蒔田城址が、横浜市南区蒔田町の横浜英和女学院の校地となり、大岡川の下流に沿った丘陵上に所在する。本牧岬の首部に当たり、京浜急行線の井戸ヶ谷駅の南東方向になる。

北条氏から蒔田殿と呼ばれた吉良氏は、室町幕府の将軍職の足利氏の一族で、三河国吉良荘（愛知県吉良町）に入部したため、吉良氏と名乗った。吉良氏といえば忠臣蔵の敵役の吉良義《よし》

吉良家供養塔　平成23年撮影　南区蒔田町・勝国寺

央《なか》を思い浮かべる方も多いと思われるが、その吉良氏の本家になる。中世には奥州に下った吉良義継《よしつぐ》の子孫の東条吉良氏と吉良長氏の子孫の西条吉良氏に分かれた。関東での史料の初見は、永和二年（一三七六）正月に吉良治家が世田谷郷内の上弦巻（東京都世田谷区）の地を鶴岡八幡宮に寄進した文書である。鶴岡八幡宮の別当相承院は吉良氏の祈願所で、後までも、その関係は続いた。

吉良治家の跡は嫡男の頼治が継いだ。室町時代後期に東条吉良氏の吉良成高《しげたか》が、鎌倉公方の足利持氏から武蔵国世田谷郷を宛行われたと伝える。成高は文明年間（一四六九～八七）には世田谷と蒔田に居館を持ち、同十二年十一月には太田道灌の求めに応じて江戸城に籠城している。扇谷上杉氏の配下に属していたとわかる。同十八年には、薩摩国（鹿児島県）の僧侶の万里集九《ばんりしゅうく》が武蔵国に来遊し、蒔田御所の吉良成高に会い、求めに応じて扇に讃を書いている。蒔田城の史料上の初見である。集九は蒔田御所に二年間も滞在して吉良成高に禅の奥義を講義した。世田谷城には吉良政忠が居城し、文亀二年（一五〇二）六月に死去した。蒔田町の勝国寺には同年六月十七日の年記銘のある五輪塔があり、吉良政忠の墓と伝える。曹洞宗勝国寺は蒔田城の一部に吉良氏の菩提寺として建立された。

扇谷上杉氏に属した吉良成高の孫といわれる吉良頼貞は、大永四年（一五二四）正月の北条氏綱の江戸城攻略ののちに北条氏に属することとなる。天文二年（一五三三）には氏綱の行った鎌倉鶴岡八幡宮の造営工事に参加し、材木を蒔田から海上輸送で杉田浦（磯子区）に運び、人足五万人で鶴岡八幡宮まで搬入したと『快元僧都記』は記す。杉田郷の一部は鶴岡八幡宮の社領である。注目したいのは、この材木は蒔田から海上輸送で送られたと記載していることである。現在の蒔田は、海岸部の根岸まで直線距離で約二キロメートルの距離がある。しかし、海と直結する掘割川は明治初期の開削であり、それ以前は関内方面から入り江が湾入していたと思われる。この入り海は江戸時代の吉田新田等の埋め立てや、幕末の居留地造成の埋め立てで消滅した。現在の中区関内の周辺では戦国時代の地形の面影は完全に無い。

戦国時代の吉良氏は、吉良某―頼貞―氏朝―氏広と続いて江戸時代に到った。世田谷御所と呼ばれた吉良某は、享禄三年（一五三〇）正月に扇谷上杉朝興に攻略されており、蒔田城に避難したと思われる。とすれば、蒔田郷はこの時に北条氏綱から吉良某に宛行われた地と推定され、蒔田城もその頃の築城かと位置付けられよう。

吉良某の正室は氏綱の娘、その嫡男の頼貞は天文八年の文書に見え天文十七年から頼康と改名した。北条氏康の一字拝領で北条氏の一門となる。頼貞の時代の天文十五年十一月に、後奈良天皇から左兵衛佐・従四位下に任官・叙位されている。北条氏にとって吉良頼康は一門であるが、室町将軍家の一族の公方であり食客の扱いとなる。吉良氏の支配領域は蒔田領と呼ばれ、諸役は一切免除されていた。そのために人足役の賦課を示す『小田原衆所領役帳』に吉良頼康は登場してこない。同帳における蒔田領の記載は一か所だけで、小田原城の人足奉行であった関為清の知行地の岡郷（磯子区岡村・滝頭）の注記として、同郷は為清が買得した地で、元から蒔田領のために軍役や諸役は免除されると記している。関為清は玉縄城主の北条為昌の家臣で、為昌の為の一字拝領に浴した側近家臣であった。岡郷は江戸時代には岡村と滝頭村に分村するが、蒔田郷に隣接した郷村である。

現在、吉良頼康の文書は合計二八通が残っているが、そのすべてが世田谷領に関する内容で、残念ながら蒔田領に関するものは発見されていない。世田谷領は頼康の文書の分布から東京都世田谷区全域から目黒区の一部、狛江市の一部に及ぶ広大な地域であったと判明しているが、蒔田領の範囲は不明である。

吉良氏朝と家臣たち

吉良頼康は永禄三年（一五六〇）暮れには、養子の堀越貞朝に家督を譲って隠居した。養子の堀越貞朝の母は北条氏綱の娘の崎姫であり、遠江国の国衆で今川氏の一族である見附端城（静岡県磐田市）城主の堀越六郎に嫁いだ。夫婦には天文十一年（一五四二）に嫡男の貞朝が生まれたが、その後、今川義元と争って敗れ、六郎・崎姫夫妻は貞朝を連れて遠江国を脱出し、妻の実家の北条氏に引き取られた。夫妻は伊豆国山木郷（静岡県伊豆の国市）に知行を宛行われ屋敷を構えて、崎姫は山木大方と呼ばれた。山木大方は夫の六郎と死別すると高源院殿と呼ばれ天正十四年（一五八六）に死去。小田原城外の谷津の高源院（現在は高長寺）に墓所がある。谷津は北条幻庵の知行地になり、寡婦になった山木大方が叔父の幻庵（伊勢宗瑞の四男）に庇護されていたとわかる。

堀越貞朝は足利氏の一族の今川氏の支族になるから、元々は吉良氏と同族である。しかも、北条氏にとっては双方共に足利氏の血筋となるから、吉良頼康の家督を貞朝が継ぐことは理に適うことであった。永禄三年（一五六〇）十二月には、吉良頼康と氏朝の連署文書が見られ、それ以前に貞朝は氏朝と改名していたと知れる。北条氏が一門衆に、通字の「氏」を与えるのは親族への昇格であったから、氏朝は北条氏の一族扱いとなったと理解できる。そのことは足利一門で公方とか御所とか称された食客の吉良氏の身分の消滅であり、北条氏の一族の重臣として位置することを意味した。その帰結として吉良氏朝の家臣団は、徐々に北条氏の直臣へと編入されて解体され、北条氏の軍勢として各地の合戦に参陣させられることとなる。

永禄四年二月には吉良氏朝は正式に家督を相続し、天正元年（一五七三）十月には父頼康と同じ左兵衛佐《さひょうえのすけ》に任官した。左衛門佐は吉良家歴代の官途名である。また、吉良頼康は支配領域に「諸願成就回令満足候」と読める大型朱印を文書に使用し、世田谷領内に四通の発給が確認されている。氏朝も養父の吉良家朱印を使用して、五通の朱印状が確認されている。北条氏の虎朱印と同型の大型朱印で、頼康の時代の弘治二年（一五五六）末には初見されることから、この頃からすでに北条氏の吉良氏同族化の扱いは始まっていたといえる。北条氏では支城主の支配地への朱印状発給は、北条氏一門のみの扱いと決まっていたから、朱印状の使用により吉良頼康の世田谷城と蒔田城は、北条氏の支城に組み込まれたと解釈される。氏朝の左兵衛佐の任官と、この朱印状の初見が同年月なのは、氏朝がその直前に家督相続して蒔田城主に就任した結果と思われる。

　蒔田城には吉良氏朝の正室がいたと言われている。通説では氏朝の正室は北条氏康の娘といわれていたが、最近の黒田基樹氏の研究により、実は北条幻庵の娘であり、北条氏康の養女として氏朝に嫁いだと判明した。婚姻は永禄五年（一五六二）頃という。永禄十年に幻庵は吉良家に嫁いだ娘から『太平記』の書写を依頼され、さらに、吉良家への輿入れには、武家の作法と奥向きの有り方についての訓戒状である「幻庵覚書」を与えている。その中には高橋郷左衛門尉や比企氏等の付き人として北条家から吉良家に入った家臣の名も見える。この「幻庵覚書」

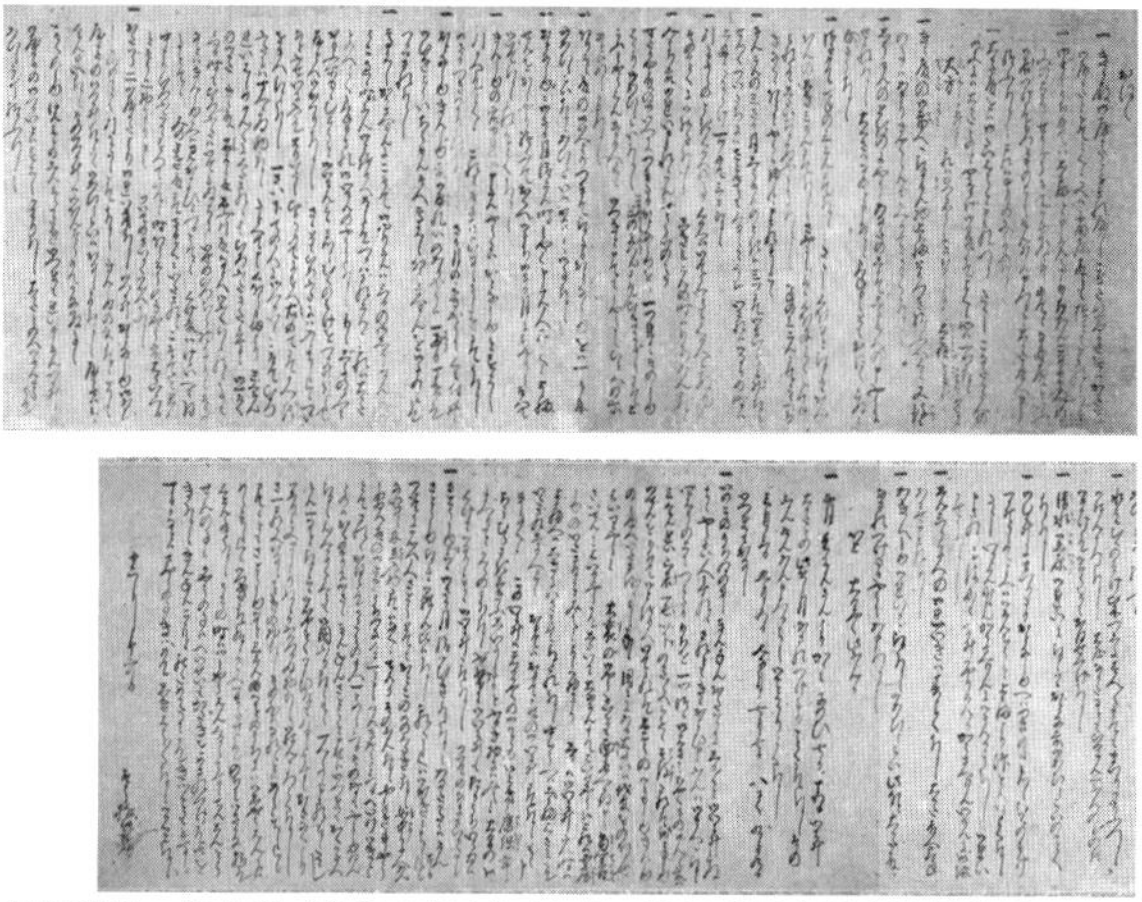

幻庵覚書　年未詳（永禄５年か）12月　世田谷区立郷土資料館蔵

の日付は年未詳十二月十六日で、推定ではあるが永禄五年と想定し、この日に嫁いだとする説もある（『戦国人名辞典』吉川弘文館刊）。永禄十一年（一五六八）に正室は嫡男の氏広（のちの頼久）を出産した。正室は死去すると鶴松《かくしょう》院《いん》殿と贈名され、世田谷の弦巻にある鶴松山実相院に葬られた。当寺には吉良氏朝夫妻の位牌が安置されている。

なお、年代は不明ながら上丸子（川崎市中原区）の真言宗大楽院の阿弥陀如来坐像の胎内銘に「大檀越吉良、源氏朝並びに家中衆、妙慶逆修」、家臣として江戸頼忠・江戸頼年・大平右衛門尉・周防左京亮・中地山城守・鎌《かま》太《た》因幡守《いなばのかみ》等が記されている。妙慶は氏朝の正室の法号に相違あるまい。ここに見える家臣は氏朝の重臣で、奉行を務めた側近家臣と思われる。

吉良氏家臣の解体は、北条氏康の弘治二年（一五五六）正月の文書に、蒔田殿（吉良頼康）に宛てて、何事も大平清九郎に申し付けているとあり、詳しくは氏康家臣の山角《やまかど》定勝から申させるとしていることから、この頃から始まっているように思える。大平清九郎は、大楽院の仏像胎内銘に見えた大平右衛門尉と父子関係と思われ、世田谷領の等々力郷内の奥沢（東京都世田谷区）に屋敷のある吉良氏の重臣である。山角定勝は相模国戸塚（戸塚区）に知行地を持っていた氏康の側近家臣である。

永禄四年（一五六一）二月、北条氏康は吉良頼康の家臣の高橋郷左衛門尉に、上杉謙信が北条領に侵攻してくる危険性があるため、蒔田殿（頼康夫人か）には浦賀城に移らせる予定を変更して、吉良氏家臣は浦賀城に籠もらせ、夫人は家臣三〇〇人と共に玉縄城に移らせることを命じた。このことは吉良氏の古くからの家臣は動揺すると思うので、よく説得せよと注意している。吉良氏家臣に頼康方の旧来からの家臣と、それとは別に北条氏の娘である正室に従う家臣が存在した証拠である。北条氏方の家臣の代表が高橋郷左衛門尉である。この正室は蒔田城にいたと史料に見えており、吉良頼康の文書が世田谷領に見られ、蒔田領には一通も確認されないことから、世田谷城の家臣と蒔田城の家臣は反目し合って、分裂していたのかも知れない。蒔田城の高橋郷左衛門尉にはそれだけの理由があった。

天文六年（一五三七）三月に北条氏綱は、高橋彦四郎に遠江国相良荘（静岡県牧之原市）に送る銭について、堀越六郎への使者への謝礼も含まれていると文書で知らせた。彦四郎と郷左衛門尉は同一人物か父子と思われ、堀越六郎（氏綱娘の崎姫の嫁ぎ先）と深く関係していた。郷左衛門尉が元は堀越氏の家臣で、崎姫と六郎父子が北条氏に避難して引き取られた時に、共に従って北条氏に仕えた侍の一人と考えれば、蒔田城で正室に仕えた家臣の代表に収まっていてもおかしくはない。永禄四年（一五六一）二月には頼康は隠居して氏朝の時代であるから、蒔田城には頼康夫人と氏朝夫妻がいたと推定できる。

高橋郷左衛門尉は北条氏康娘の鶴松院殿が氏朝に嫁ぐ時にも「幻庵覚書」に登場している。永禄五年三月には北条氏康から武蔵国都筑郡吉田郷（港北区新吉田町）で知行として六〇貫文を宛行われており、これは本給としてとあって屋敷地であり、ここも蒔田領であったと判明する。郷左衛門尉は郷内の直轄領の代官にも任命された。吉良氏家臣であるが、北条氏康の直接支配も受けていた。

永禄十二年正月には、北条氏政が高橋郷左衛門尉に他国への使者を命じ、もしも途中で討ち取られても実子の源七郎に家督を譲らせるから安心せよと申し渡した。こうなるともはや郷左衛門尉を吉良氏家臣とはとらえられず、吉良氏家臣団の解体は進む。同年九月には武田信玄が北条領に侵攻し、本隊は相模川沿いに南下して小田原城を直撃し、支隊は多摩川沿いに川崎市方面から横浜市港北区方面に進撃してきた。蒔田城の吉良勢は大挙して駿河国方面の前線に出撃しており、蒔田城は守備兵の手薄な城になった。それを知った青木城の多米氏や栗田氏・藤巻氏等が蒔田城に籠り、武田勢の攻撃を防いだという。この戦いでは吉良氏朝の家臣は、駿河国興国寺城（静岡県沼津市）に籠って武田勢と激戦を展開中であった。

吉良家臣の大平氏と江戸氏

同じく吉良氏家臣の大平氏と江戸氏も同様な経緯を歩んで、北条氏の直接家臣に編入されていった。大平氏は吉良氏の古参家臣で、世田谷領の吉良頼康の重臣に大平清九郎がいた。その嫡男と思われる右衛門尉は、前述の大楽寺の仏像胎内銘に見られる如く、吉良氏朝の重臣として登場している。蒔田城の家臣である。永禄十二年から元亀元年（一五七〇）の武田信玄の駿河国から伊豆・相模国への侵攻には、北条勢は全軍が駿河方面に出撃した。その前線の拠点が興国寺城で、北条勢が籠もって守備していた。元亀元年四月、北条氏政は大平右衛門尉・江戸頼忠・江戸頼年に人数を集めて駿河国方面への出撃を命じた。翌五月には、北条氏政は興国寺城の太田十郎・笠原助三郎に加えて大平右衛門尉・江戸頼忠・江戸頼年を増援部隊として入城させた。この戦いは武田信玄の死去で終息する。

天正二年（一五七四）七月、北条氏政は下総国関宿城（千葉県野田市）の簗田《やなだ》氏を攻撃し、吉良氏朝に大平右衛門尉の出陣を要請した。ここにおいて、吉良氏朝と大平・江戸等の譜代家臣団は、完全に北条氏の家臣に編入されたのである。

　大平氏とともに活躍したのが江戸氏である。江戸氏は武蔵国江戸郷（東京都千代田区）の領主で、鎌倉時代初期に江戸城を築城した江戸重長の子孫に当たる。重長の次男武重の九代目信重が世田谷城の吉良氏に仕えた。信重―広重―門重《かどしげ》―常光―頼忠―朝忠と続いて江戸時代に至った。吉良頼康に仕えた広重の一族である江戸摂津守浄仙《じょうせん》は、天文十一年（一五四二）に蒔田城下の宝生寺門前の塩田の諸税を免除している。現在では想像も出来ないが、戦国時代の蒔田城は、東京湾の入り海に面した岬の突端に築かれていた。宝生寺の門前には浜辺があり、塩田では塩を生産していたとわかる。『江戸氏の研究』（名著出版刊）では摂津守浄仙は常光の法号としているが、確証はない。浄仙に関しては天文十五年八月に世田谷八幡神社（東京都世田谷区）の造営に、吉良頼康を中心に浄仙が造営総奉行として活躍しており、吉良家の重臣であった。

　江戸常光の嫡男頼忠は、前述の如く大平氏と共に北条氏政の直接支配を受け、駿河国駿東郡（静岡県沼津市方面）で武田信玄の軍勢相手に激戦を演じている。吉良氏朝の家臣ではあるが、次第に北条氏の家臣に編入されていった。その証拠には、常光の妻は間宮主水佐《もんどのすけ》の娘（頼忠の母）、頼忠の妻は氷取沢（磯子区）の領主の間宮綱信の娘であることからも頷ける。間宮氏はかつて神奈川の権現山城の戦いで、伊勢宗瑞方として勇敢に戦った間宮信盛の子孫に当たり、子孫は北条氏綱・氏康に仕えて重臣に取立てられた。既に述べたとおり、のちに間宮康俊は玉縄城の玉縄北条氏に配属されて家老職を務めている。間宮康俊は横浜市域の笹下城（港南区）の城主である。間宮綱信はその一族で、武蔵国滝山城主の北条氏照の家老職を務めた。居館は氷取沢にあった。間宮氏については、第三章第二節「杉田郷の間宮氏」の項で詳述したい。

北条氏の古参家臣の娘を妻に迎えた江戸常光・頼忠父子は、次第に吉良氏朝から離れて北条氏家臣の道を歩みはじめたと言える。このことは吉良家家臣の解体であり、吉良家勢力の北条氏への吸収であった。

天正二年（一五七四）七月、蒔田城の吉良氏朝と江戸頼忠は、大平氏と共に下総国関宿城（千葉県野田市）の簗田氏攻めのために全軍の出陣を北条氏政から命令された。この頃には、吉良氏朝と江戸頼忠は完全に北条氏の家臣として行動させられている。蒔田城も北条氏の支城となり、吉良氏朝が北条一門として城主を務めた。

第三章

湾岸地域の武士たち

岡津城址　平成23年撮影　泉区岡津町

第一節　金沢六浦の繁栄

東京湾を往来する交易商人

横浜市域の東南端に位置する金沢区の金沢・六浦《むつら》湊は中世の湊としては一体として機能し、鎌倉時代から鎌倉の外湊として交易船の出入りが盛んで、大いに繁栄していた。戦国時代でも、その様相は変わることなく繁栄し続けていた。現在の京浜急行線の金沢八景駅の東方に位置する平潟湾は、当時は相当に広い入り海で、夏島と野島が湾入り口に横たわり、波の静かな良港である。当時から景色に優れ、金沢八景の名勝は全国的に知られていた。鎌倉時代末に創建された称名寺も古刹として名高い。室町時代には六浦湊に入津する商船から帆別銭を徴収し、寺の維持費に充てたことは広く知られている。

称名寺から南方の平潟湾にかけて町場が発達し、洲崎村には洲崎神社と龍華寺、その北には町屋村、伝心寺の北が寺前村で、伊丹陣屋と金沢八幡神社がある。称名寺から南に伸びる道が三か村を貫通して洲崎神社に至り、平潟湾から東京湾に通じていた。港町の形成である。特に戦国時代には東京湾の対岸の上総・下総両国との交易が盛んで、最近の研究では、上総国西部の東京湾に注ぐ天神山川の河口になる天神山湊（千葉県富津市湊）を本拠とした野中修理亮の活躍が知られている。

野中修理亮の本職は鋳物師で、日用品の鍋や釜等の鋳物類を生産し販売していた。これらの物品は東京湾を挟んだ金沢や神奈川の湊でも手広く販売され、交易船が東京湾を往来していた。修理亮は三浦半島を支配圏とする三崎城主の北条氏規から、永禄十年（一五六七）二月に、鋳物商売に関して金沢と神奈川の両湊に入津する許可証を交付された。敵国である里見領の上総国からの来津と交易を許可されたのである。野中氏は典型的な廻船による交易商人であるが、修理亮自身は単なる商人ではなく、のちには北条氏と里見氏との和睦交渉に仲介者としても活躍した。また、天神山湊の守備の砦の城将であり、湊町の神社の造営の管轄者でもあり、武士化した商人であったと判明する。東京湾の往来には海賊船に対抗できる武装化した商船が必要であった。北条氏側の東京湾の海上防衛の責任者であった玉縄北条氏とも被官関係を結び、里見・北条双方からの安全契約の許で交易関係を結んでいた。

これとは反対に、北条領の金沢湊の洲崎村（金沢区）に本拠を据える交易商人として、山口越後守が知られている。山口氏の祖先としては、大永四年（一五二四）九月に洲崎村の龍華寺の地蔵菩薩像の造立施主として山口彦右衛門が見える。その孫の越後守は天正三年（一五七五）

十二月に、対岸の里見義頼から東京湾往来の安全を保証する免許状を交付された。同七年五月には同じく対岸の小田喜城（千葉県大多喜町）の正木憲時からも領内への入津許可と諸役免除の特権を得ている。この時には里見氏からも領国内の全ての湊への入津許可と諸役免除を獲得した。北条氏ももちろんのこと、越後守の安全を保証していたことは想像に難くない。越後守の子孫は、江戸時代にも金沢湊で流通商人として活躍し、房州屋将監と名乗って対岸との交易に従事している。

金沢周辺の船大工

金沢・六浦湊のある平潟湾の海への出口に当たる野島には、江戸時代にも四板船（平底の早船）の古株主四人の頭を勤める庄左衛門がいた。その祖先は、戦国時代には伊東新左衛門を名乗り、北条氏の御用鍛冶職を務める造船技術者であった。永禄九年（一五六六）には北条氏政から新左衛門に預けた船の修理を命じられた。翌年十月には伊東縫殿助《ぬいのすけ》が北条氏康から寺前村（金沢区）の伊丹三河守屋敷を与えられ、年貢を納めるように請求された。伊丹氏については次項で述べる。

　また、天正七年（一五七九）七月には三浦半島東端の浦賀城で、大型鉄鋼船の建造に必要な船釘や錨を鍛造製作する船鍛冶職人の五集団が必要となり、北条氏政は伊東新左衛門の他に、釜利谷・日野・青木・六浦にいる鍛冶職集団に出役を命じた。彼らは浦賀城に出頭すると、係奉行の大草康盛の許で大型鉄鋼船の建造に従事したのである。この命令書は東京湾の海上防衛を司る水軍大将の愛洲兵部少輔に宛てられており、外洋に出撃できる大型軍船の安宅《あたけ》船の建造と推定される。注目したいのは、平潟湾の周辺の野島・六浦・釜利谷（金沢区）には船鍛冶職の集団がおり、神奈川湊や青木にも船鍛冶がいて造船に従事していたことである。現在でも浦賀や横浜にはドックがあって造船業を続けているが、その伝統は少なくとも戦国時代以来のものとわかり、興味深い。

野島や夏島を背景とした平潟湾の海浜風景は風光明媚で、金沢八景として全国の文人墨客に知られていた。戦国時代にも金沢八景への来訪者は多く、例えば天文二十年（一五五一）には京都の南禅寺僧侶の東嶺《とうれい》智旺《ちおう》が関東に来て、小田原城の北条氏康に会ったのち、鎌倉を見物がてら金沢八景を見物したいと訪れた。金沢では福室某と伊東某に出迎えられて、野島や夏島を散策して金沢八景の美しさを堪能し、酒席までも設けて歓待された。伊東某は年代からみて船鍛冶職人の伊東新左衛門の父親と思われる。職人衆と京都文化人との交流風景である。

寺前村には伊丹陣屋と金沢八幡神社があった。ここでは寺前村の鎮守であったと思われる金沢八幡神社の棟札を紹介したい。棟札とは神社や仏閣の建造や修復の時に、施工した年月や施主や大工等を記載した板のことで、建物の棟に打ちつけて、のちの証拠としたものである。金沢八幡神社には戦国時代の棟札が残っており、現在は富岡八幡宮に保管されている。幸いにも記載された文字がはっきりと読み取れる。数年前に実物が横浜市歴史博物館で展示された。永禄十三年（一五七〇）九月に金沢八幡神社の本殿を修築した時の棟札で、寺前村の代官に渡辺与助、町屋村の代官には大須賀藤助が見え、修築費用と畠を寄進した。寺前・町屋両村の町人等の多くも造営費用の寄進に参画した様子を書き記している。時の神官は渡辺十郎左衛門と見える。代官の渡辺与助と大須賀藤助は、両村が金沢郷内に所在し、金沢郷の領主は称名寺であったから、寺領の代官と思われ、武士身分の人であろう。もしくは北条氏から派遣された代官かもわからない。寺前と町屋の地域は、戦国時代には村といっても、相当に町場化した門前町であり、湊町としても繁栄していたとわかる貴重な歴史資料である。

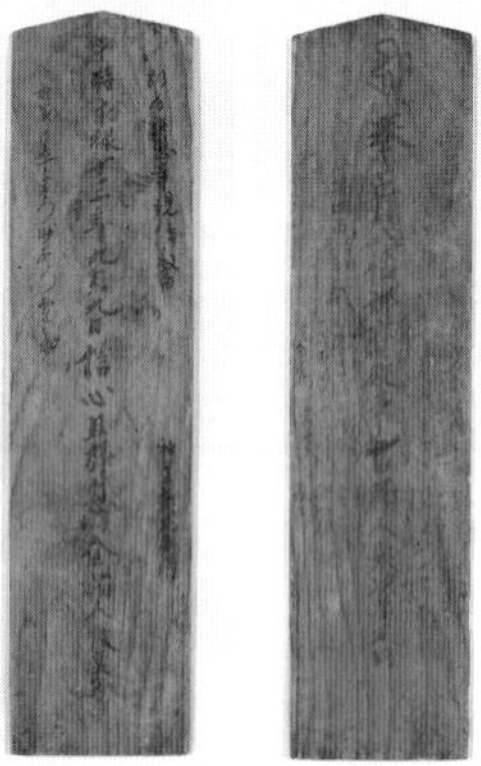

金沢八幡神社棟札　金沢区富岡東・富岡八幡宮保管　横浜市歴史博物館提供

釜利谷の伊丹氏

京浜急行線の金沢八景駅の西方の丘陵地帯に位置する釜利谷は、金沢・六浦郷に隣接する郷村で、平潟湾に流入する宮川の水源地に当たる。現在の横浜市域では数少ない自然林を残した山林地帯で、金沢自然公園として市民に開放されている。その釜利谷郷の領主に、北条氏の家臣であった伊丹氏がいた。

伊丹氏は系図によれば、もとは摂津国伊丹（兵庫県伊丹市）の出で、加藤景光の六代目になる頼与の三男経貞が関東に下向した。釜利谷に入部し、文明五年（一四七三）に金沢の瀬戸神社の分霊を勧請し手子神社を創建したという。地域内の禅林寺（釜利谷東）は室町時代に足利持氏が創建し、のちに伊丹経貞が再建したとも伝える。郷内の坂本の字堀之内は伊丹氏の屋敷跡と伝える。戦国時代には伊丹永親―康信―政富―直吉《なおよし》と続いて北条氏康・氏政・氏直に仕えた。伊丹氏は北条氏の重臣で江戸城城代を務める遠山氏の家臣に編入された。江戸城下の浅草寺（東京都台東区）の別当職を務めた忠海は伊丹政富の子と伝える。その証拠には、天正十七年（一五八九）九月に北条氏直は浅草寺の門前町の浅草町に禁制を下し、定期市場の安全を保証し、これを伊丹政富と伊丹直吉に通達している。

禅林寺　平成 23 年撮影　金沢区釜利谷

伊丹氏は北条氏に仕える以前の室町時代から、すでに金沢湊を拠点として房総方面に渡海して水軍として活躍していた。釜利谷の禅林寺には対岸の蔵波村（千葉県袖ヶ浦市）の八幡宮の応永二十年（一四一三）銘の釣鐘が伝わり、伊丹氏が略奪して、菩提寺の禅林寺に納めたという。のちの明応二年（一四九三）には鎌倉の建長寺の玉隠英與が金沢に来遊して伊丹氏の屋敷に招かれ、金沢八景の美しさと商船が平潟湾にもやっている様子を『関東禅林詩文等抄録』に記している。この伊丹氏の屋敷は平潟湾に面した町屋村の伊丹陣屋にいた伊丹永親の父親の屋敷で、そこからは金沢八景が一望に見渡せる絶景の地であったとも記録されている。

伊丹永親は永禄元年（一五五八）に死去し、その嫡男康信は北条氏康の一字を拝領した側近家臣の一人となった。元々は玉縄城の城主の北条為昌に仕えていたのを、為昌の死去した天文十一年（一五四二）五月以降に氏康の側近に編入され、のちに江戸衆の遠山氏に配属されたらしい。『小田原衆所領役帳』江戸衆に伊丹右衛門大夫康信が見え、釜利谷を本拠に常葉（鎌倉市）等で知行役高合計三六七貫文を持っていた。かなりの高額知行者である。

ここで言えることは、北条氏の時代には横浜市域の武士たちは室町時代以前からの旧族が、ほとんど姿を消しているが、伊丹氏は元の知行地を北条氏から安堵されて戦国時代に生き残った数少ない旧族とわかることであろう。『浅草寺志』の伊丹氏系図では、康信は上総国峰上城（千葉県富津市）で上杉謙信と戦って討ち死にしたという。

伊丹康信の跡は弟の政富が家督を相続した。妻は江戸城代の遠山綱景の孫娘で、江戸城の重臣に出世し、遠山氏の一門に列した。政富の政は遠山綱景の三男で江戸城城代を継いだ遠山政景の一字拝領と推定される。天正十年（一五八二）には、江戸城主の北条氏秀が出陣先の下総国関宿城（千葉県野田市）で重病に罹り、江戸城に帰還して養生させることになり、その移送の役を政富が務めている。同十二年には尾張国（愛知県）の小牧・長久手で豊臣秀吉と徳川家康が合戦し、徳川家康と同盟していた北条氏直は徳川方に援軍を派遣することになった。援軍は江戸衆が主力で、伊丹政富も参陣することを命じられている。政富には子の光昌・政親・直吉等がおり、のち彼等は徳川家康に仕えて旗本に登用され江戸時代を迎えた。また、政富の子で浅草寺の別当観音院の別当職となった忠尊は、徳川家康の側室の英勝院に寵愛され、釜利谷郷の坂本村で二〇〇石の知行を与えられた。現在、伊丹永親の墓は禅林寺、伊丹政富の墓は蒔田の勝国寺にある。

第二節　杉田郷の間宮氏

間宮氏の軌跡

京浜東北根岸線の新杉田駅の西南方に位置する杉田郷（磯子区）は、かつては東京湾に面した海浜の郷村であった。現在、海岸線は昭和四〇年代の埋め立てによりすべて工場地帯に変貌してしまった。戦国時代の杉田郷は、南北朝時代初期に鎌倉の鶴岡八幡宮に郷内の一部の仁木氏領が寄進されたまま、八幡宮領が存続した。その他の大部分は戦国時代に間宮氏の知行地となった。間宮氏も釜利谷の伊丹氏と同様、室町時代以来の関東の旧族であるが、北条氏の関東入部以前には、伊豆国北部に本拠を据えていた。『寛政重修諸家譜』に所収の間宮氏系図によると、間宮氏の出自は、近江国（滋賀県）の大豪族である佐々木氏の末裔と記され、初代の佐々木定通の七代目の末裔の信冬が伊豆国間宮荘（静岡県函南町）に入部して間宮氏を名乗ったとある。

間宮信冬の跡は、某―信盛―信元―康俊―康信―直元と続いて江戸時代に至った。この家が嫡流で、代々が豊前守の官途名を名乗っていた。分家としては康俊の弟綱信から始まる家と、康信の弟元重から始まる家が著名で、江戸時代初期には本家ともども徳川家の旗本に登用された。元重の子孫には、樺太探検で間宮海峡を発見して著名な間宮林蔵を輩出している。また、間宮一族には江戸時代後期の学者である旗本間宮士信《ことのぶ》がおり、江戸時代後期に幕府による『新編武蔵風土記稿』の編纂事業に参画して活躍した。間宮士信は自身が戦国時代の北条氏の旧臣の出との意識から、熱心に北条氏の歴史を調べ、その研究成果を『小田原編年録』という書物にして残し、『新編武蔵風土記稿』にもその成果を投入して後世に残してくれた。その偉業は、我々歴史家にも忘れえぬ恩と心得ている。

〔間宮氏略系図〕

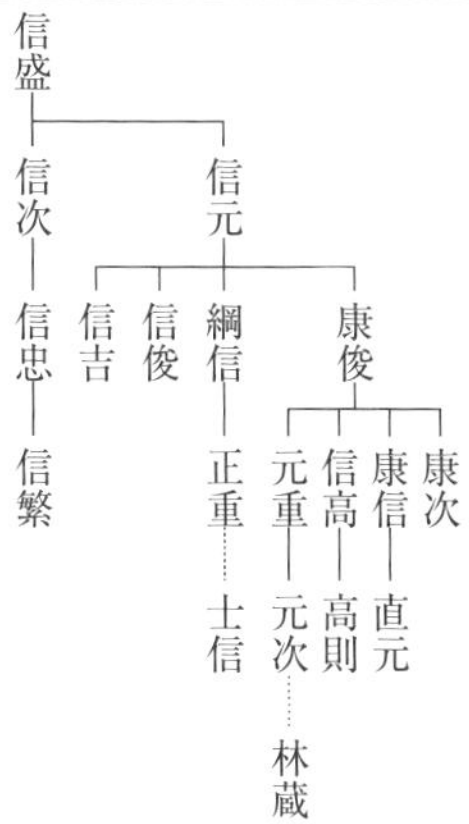

横浜市域での間宮氏の活躍は、第二章第一節でのべたように、明応二年（一四九三）秋に伊豆国に侵攻した伊勢宗瑞が、次第に相模国に進撃してきた永正七年（一五一〇）七月に、神奈川の権現山城で宗瑞方に味方した上田正忠と扇谷上杉・山内上杉連合軍との合戦で、上田氏の家臣として城に籠もり、攻め手に向かって突撃を敢行した勇者の一人に間宮信盛がいたことに始まる。上田正忠は扇谷上杉氏の家

間宮康俊の活躍

神奈川之住人間宮彦四郎勇戦　『神奈川砂子』から　国文学研究資料館蔵　横浜市歴史博物館提供

臣から伊勢宗瑞の家臣に転じたのであるから、間宮信盛も扇谷上杉氏の家臣から離反して上田正忠に従い伊勢宗瑞に味方した者と判明する。間宮氏系図にも信盛が伊勢宗瑞・北条氏綱の家臣となると記しており、話の辻褄は合う。

その頃には、信盛は「神奈川の住人間宮の某」（『神奈川砂子』）と敵方に呼ばわっており、神奈川に移住していたとわかる。その屋敷は権現山城の東山麓にある宗興寺の地と伝えられている。信盛の盛は伊勢宗瑞の実名の盛時の一字拝領である可能性が高い。信盛と信元の行動については、残念ながら確たる史料が見当たらず、これ以上のことは不明であるが、信元の嫡男康俊については玉縄北条氏の重臣として史料に見えている。

間宮康俊は北条氏康・氏政・氏直の三代に仕え、玉縄北条氏の家老職を務めた。豊前守を名乗り、『小田原衆所領役帳』では玉縄衆に属した。杉田郷で三〇〇貫文の知行役高を持ち、ここを本拠として小雀（戸塚区）・江戸領川崎（川崎市川崎区）・小机領末吉（鶴見区）他で、合計七〇〇貫文に近い知行役を持つ重臣として登場している。その史料には杉田は天文十一年（一五四二）に検地を受けたと見えており、この年は玉縄城城主の北条為昌が死去した年で、その直後に北条氏康が為昌の遺領検地を久良岐郡一帯（横浜市域南部の湾岸地域）で行っている。杉田も玉縄城領の久良岐郡に属したから、杉田の領主の間宮康俊は北条為昌の旧臣であったと判明する。為昌の死去後、その家臣団は北条氏康の御馬廻衆、玉縄城主の北条綱成、小机城主の北条三郎と北条幻庵の家臣に三分割された。間宮康俊の康は北条氏康の一字拝領であろうから、康俊は先ずは北条為昌から北条氏康の家臣になり、その後に北条綱成の玉縄衆に編入されたと思われる。なお、天正十八年（一五九〇）北条氏の滅亡まで、久良岐郡は玉縄城の支配地域であった。

間宮康俊の居城の笹下城址は港南区笹下四丁目にあり、京浜急行線の上大岡駅の南に位置する。大岡川の段丘上に築かれ、京浜東北根岸線の洋光台駅にも近い。康俊は玉縄城の北条綱成―氏繁―氏舜―氏勝の歴代に仕えた重臣で、天文初年から開始された北条氏綱による鎌倉鶴岡八幡宮の造営工事に玉縄衆として参加した。杉田浦には蒔田城の吉良頼康から海上輸送で建設

妙法寺と杉田梅林　明治後期　横浜開港資料館蔵

用の木材が運ばれ、杉田浦で陸揚げされて五万人の人足で鎌倉の鶴岡八幡宮に搬入された。『快元僧都記』天文二年（一五三三）十月の条に見える記載である。杉田には鶴岡八幡宮領が五〇貫文存在したため、杉田浦に材木が陸揚げされたとわかる。天正五年（一五七七）には北条氏政から東京湾対岸の勝浦（千葉県勝浦市）から房総方面の里見氏の水軍の監視を命じられ、杉田浦は間宮康俊の管理する水軍の基地でもあった。

杉田浦の海岸近く、現在の京浜東北根岸線の新杉田駅の近くには東漸寺という古刹があるが、『小田原衆所領役帳』御馬廻衆の間宮藤太郎《とうたろう》の知行地として東漸寺分・七一貫文が見られ、康俊の一族の信忠と思われることから、笹下城の支砦として東漸寺近くに間宮藤太郎の屋敷があったものと推定される。海からは離れている笹下城の海への護りとして、藤太郎が水軍の管理者であった可能性もあろう。藤太郎は小田原城の北条氏康の直轄家臣で、元は康俊と同じ玉縄城の北条為昌の旧臣であった。

杉田の梅林という地には妙法寺があり、南北朝時代の応安七年（一三七四）に没した日祐が創建した日蓮宗寺院である。戦国時代には間宮信元の弟で北条氏綱に仕えた信次の子孫の信繁の左衛門家の菩提寺となり、墓地が残されている。信繁は北条氏直に仕えたのち、徳川家康に仕えて旗本に登用され、七〇〇石を杉田郷で知行した。同寺は江戸時代後期から明治年間にかけて梅の名所であった杉田梅林の寺として著名であった。その梅林は、江戸時代の杉田の領主の旗本間宮氏の奨励で、梅の実を収穫するために植えられたという。

　間宮康俊は、豊臣秀吉の大軍が来襲した天正十八年（一五九〇）三月末に、伊豆国の北東端で箱根山塊の西南山麓にある山中城（静岡県三島市）に加勢として籠もった北条氏勝の侍大将として、一族を率いて同城岱之崎曲輪《たいのさきくるわ》に籠城した。すでに七三歳を超える高齢で、白髪であったため、それを墨で染めての奮戦振りであった。三月二十九日早朝に七万人の豊臣勢が山中城を攻め、午後には岱之崎曲輪も攻略され、間宮康俊と一族は、最後の突撃を敢行して全滅し、間もなく本丸も陥落した。杉田の家臣たちも同城で相当数が討ち死にしたことは確かである。現在、山中城址内の三の丸の宗閑寺に康俊の墓（供養塔）が残っている。

　間宮康俊の弟綱信は、氷取沢（磯子区）を本拠とした。綱信は兄とは別に、武蔵国滝山城（東京都八王子市）城主の北条氏照に仕えた。若狭守を名乗り、氏照の重臣として活躍した。妻は永谷（港南区）の領主の宅間富朝の娘である。宅間氏については第二章第三節の「太田郷と永田郷」の項で述べており、参照されたい。

　綱信は天正八年（一五八〇）三月に北条氏政の使者の笠原康明と共に氏照の命令で、近江国安土城（滋賀県安土町）の織田信長の許に赴き、北条氏との同盟交渉に関わった人として知られている。信長から歓待された様子が『信長公記』に記されている。京都の天皇の二条御所も見学し帰国した。その後は古河公方足利義氏と氏照との折衝役や古河城（茨城県古河市）の当番頭として働き、天正十八年を迎えた。

綱信は小田原合戦後は、徳川家の家臣西尾吉次に召し出されて徳川家康に仕えた。旗本に登用されて氷取沢村で隠居領として五〇〇石を宛行われ、慶長十四年（一六〇九）に七四歳で死去した。墓は氷取沢の宝勝寺にあり、綱信の菩提寺である。綱信の嫡男正重も北条氏直に仕えたのち、徳川家の旗本となった。なお、神奈川県大井町金子の間宮家は綱信の子孫と伝える。

杉田周辺の武士たち

杉田郷の北方で京浜急行線の上大岡駅の東方に位置する岡村（磯子区）も戦国時代の古文書に岡郷としてよく出てくる。同郷の領主は蒔田吉良氏から北条氏家臣の関兵部丞為清、ついで玉縄北条氏の家臣行方氏と変遷した。『小田原衆所領役帳』御馬廻衆に関為清が見える。そこには岡郷を他人から買い知行としたが、蒔田の吉良頼康の領地なので、軍役は免除されたとある。その頃には、北条氏康は客将である吉良頼康への軍役を免除していた。関為清は吉良氏の家臣ではなく、北条氏の御馬廻衆（近衛兵）で、小田原城で北条氏康の側近として人足奉行を務めていた。人足関係の総括奉行は安藤良整が務め、その配下に為清がいた。関氏は伊勢宗瑞の同族と伝え、その一族は北条氏の重臣として活躍していた。為清もその一人である。

岡村には古刹の曹洞宗龍珠院がある。関東における曹洞宗の教線は、神奈川県南足柄市の最乗寺を中心として金沢洲崎村（金沢区）の伝心寺、また岡村の龍珠院を布教の拠点として発展していった。龍珠院には玉縄北条氏の古文書が数通伝わり、玉縄北条氏歴代の厚い保護を受けていたと知れる。金沢洲崎村の伝心寺には、伝承ではあるが、玉縄城主の北条氏繁の墓という五輪塔が残り、岡村の龍珠院は、大永二年（一五二二）に北条氏繁の父綱成が創建したという。開山は共に養拙宗牧である。

龍珠院に伝わる北条氏繁の古文書は二通あり、元亀三年（一五七二）正月には、龍珠院の寺領を父親の北条綱成の時の如く安堵し、与楽庵も末寺と認めて安堵した。与楽庵も岡村に現存する。天正六年（一五七八）二月には、北条氏繁は重ねて綱成の時の如く安堵し、寺領については行方肥前守を派遣して岡村を管理させ、郷村民の不法を止めさせるとした。氏繁の嫡男氏勝の古文書も残り、家督相続直後の氏勝は、天正十一年十二月には龍珠院に所蔵する綱成・氏繁の文書を調査して、祖父・父の時の如く寺領を認めて安堵し、龍珠院を手厚く保護している。龍珠院が所蔵する玉縄北条氏の歴代の古文書は、原本が現存する玉縄北条氏の古文書として貴重な存在である。

北条氏勝文書に見える行方肥前守は、第二章第三節「大賀郷の萩野氏」で紹介したが、六郷羽田（東京都大田区）に本拠を持つ武士で、羽田は江戸領であるが水軍の基地であるため、行方氏は玉縄北条氏に属して重臣に取り立てられたのである。

第三節　日野郷と北条幻庵

春日神社の造営

横浜市域の南部に位置する港南区日野は、戦国時代には日野郷と呼ばれ、大岡川の支流日野川流域に開けた肥沃な郷村であった。北に隣接する野庭郷（港南区）との間には鎌倉街道が通り、武蔵国と相模国との国境に当たる。つまり武蔵国久良岐郡の南端になる。

戦国時代の日野郷の領主は、伊勢宗瑞の四男である北条幻庵である。伊勢宗瑞は死去する永正十六年（一五一九）八月の直前の四月に、伊勢菊寿丸（のちの幻庵）に遺産として知行地を与えた。総計四四六五貫文にのぼる知行役高で、その内に「ひののかう（日野の郷）」二〇〇貫文と見え、心明院に下されるとある。心明院は幻庵もかつて別当職を務めた箱根権現（箱根町元箱根）の僧侶で、のちに幻庵の家臣になった人であろう。のちの『小田原衆所領役帳』の御家中衆（北条氏一門衆と縁者）に北条幻庵の知行役高として日野で一一〇貫三六〇文が見える。さらに幻庵夫人の知行役高として八五貫九六二文が見え、日野郷は合計一九六貫三二二文となり、四〇年間変わらず幻庵と夫人の知行地であった。ただ、夫人の知行分は天文十二年（一五四三）に検地を受けている。玉縄城主であった北条為昌の遺領検地と思われ、北条幻庵と為昌は深い関係にあったと推定される。その証拠には、為昌も一時期は小机領の領主で、その死去後は、北条幻庵と嫡男の三郎が小机城主を継承していることからも歴然としている。北条幻庵の居城は小田原城下の久野城（小田原市久野）で、伊豆国大平（静岡県伊豆市）にも屋敷があった。

春日神社　平成23年撮影　港南区日野中央

日野郷には、北条幻庵の足跡を示す史料が現在も残されている。日野にある春日神社の戦国時代の棟札で、四枚が知られている。永正十六年（一五一九）九月に春日神社は修築され、その時の棟札には、幻庵家臣の心明院が日野郷の地頭と見え、幻庵知行分の代官であった。大工は鎌倉扇谷の坂内匠である。

享禄三年（一五三〇）十一月には再び修築し、地頭には心明院、大工に鎌倉町の小次郎が見える。天文十六年（一五四七）九月にも修築し、春日大明神は日野郷に所在し、造営の檀那は比企藤左衛門尉《とうざえもんのじょう》康泰《やすやす》、小代官は山田三郎左衛門と見える。比企康泰は北条幻庵の家臣で、日野郷の代官職であろう。郷内の実務は山田三郎左衛門が執っていたこと、春日神社は戦国時代には春日大明神と呼ばれていたとわかる。日野郷の総鎮守であった。

比企氏については永禄五年（一五六二）に幻庵の娘鶴松院殿が蒔田城主の吉良氏朝に嫁ぐ時に、幻庵が娘に渡した家訓書の「幻庵覚書」に比企図書助が見え、鶴松院殿の付け家臣として吉良家に同行したことは特筆されよう。鶴松院殿は北条氏康の養女として吉良氏朝に嫁ぎ、以後は氏朝夫妻は幻庵の後見を受け、北条氏一門となる。家臣団は次第に北条氏の家臣団に編入されていくことは既に述べた。比企康泰の康は北条氏康の一字拝領に浴した側近家臣になったことを示し、そののち北条幻庵の家臣となり、氏朝夫人の付け家臣として転出し、吉良家の状況を小田原城に報告する役目を担ったものと思われる。

天正五年（一五七七）十月には、また春日神社の本殿の修築が行われた。地頭には箱根別当の北条幻庵と見える。代官は某近吉、大工は鎌倉の太郎左衛門であった。以上の四枚の棟札からは日野郷の郷村支配の様子が、多少であるが伺い知ることができる。北条幻庵は久野城か大平屋敷にいて、日野郷の支配は心明院や比企康泰が代官として行っていた。年貢や諸税は彼等の監督の許に幻庵のところに納入されていた。

日野郷は江戸時代には四か村に分村する程の広大な面積を持ち、その総鎮守である春日神社は、郷民には最も大切な神社であった。木造建築の春日神社は、永正十六年・享禄三年・天文十六年・天正五年と、約六〇年間で四回も建て替えられており、その費用もかなりの額にのぼったものと思われる。鎌倉の伝統ある宮大工が責任をもって修築しており、神社建築の伝統を現在に伝えている。

幻庵は北条家の長老

最初に日野郷の春日神社の修築について記したので、ここでは領主である北条幻庵について紹介してみよう。北条幻庵の知行地は広大であり、横浜市域の金沢称名寺分（金沢区）の一三七貫文も幻庵の知行であった。『小田原衆所領役帳』では、記載された北条氏家臣五八〇人のなかで最高の合計五四四二貫文の知行役高を持ち、いかに北条家で幻庵が強大な権力を持っていたかは、想像に難くない。

北条幻庵は伊勢宗瑞の四男として小田原城に生まれ、天正十七年（一五八九）十一月に九七歳で死去したと伝える。この年は北条氏の滅亡する七か月前のことで、幻庵は北条氏の関東統治の最初から終末までを見聞きした長老と位置づけることができる。

しかし、高齢な生涯にしては、関係文書は多く残っておらず、その生涯については、永いこと謎に包まれた人物として扱われていた。ようやく、最近の黒田基樹氏等や『小田原市史』の研究成果により、その生涯の事蹟が解明され、おおよその人物像がはっきりとしてきた。

現在、北条幻庵の発給文書は、合計二六通が確認されている。初見は天文十二年（一五四三）六月で、幻庵の五一歳の時の文書となる。文書の初見が、随分と遅いとわかる。当時の人では、五一歳といえば隠居する年齢で、人生わずか五十年と言われた時代である。なぜ、こんなに文書の発給が遅かったのか。それには理由があった。幻庵は大永二年（一五二二）に若くして近江国三井寺（滋賀県大津市）での修行のために上光院に入寺し、得度して出家した同四年頃からは帰国して箱根権現の別当職を務め、法名を長綱《ちょうこう》と名乗っていた。天文九年末に、その職を辞して小田原城に帰り、法名の長綱のまま政務についた。天文十二年九月には文書に「静意」と読める朱印を捺印し、天文十八年頃までは箱根山中に幻庵文書が出されている。不思議なことに、この時期には玉縄城領と小机城領域には幻庵の文書は一通も発見されていない。

北条幻庵は北条氏一族の中では、一流の文化人として名高い。連歌師の宗長や歌人の高井堯慶との交流はつとに知られている。また、京都の公家の西園寺公朝の娘が、嫡男氏信の夫人として久野城にいた等の関係や、京都公家の歌人の冷泉為和《れいぜいためかず》との交流で、公家文化を小田原城にもたらした功績は見逃せない。さらに、幻庵は武将としても卓越し、天文四年（一五三五）八月に甲斐国山中（山梨県山中湖村）の合戦、翌年十月の武蔵国入間川（埼玉県狭山市）河畔の合戦には、北条氏綱の大将として一軍を率いて戦っている。

北条幻庵の娘の鶴松院殿は、北条氏康の養女として蒔田城主の吉良氏朝に嫁いだ。北条幻庵は吉良家に入嫁する娘のために、流麗な書体でものした「幻庵覚書」と題する、武家の家訓書を与えた。北条家と吉良家との武家儀式の相違点等と、それへの対処の仕方を詳しく述べたもので、戦国時代の大名家の儀式の有り方や女性の教養の問題を現在に伝える、貴重な史料でもある。流麗な書体は、江戸時代でも武家の娘は、文字の練習手習い本として、この覚書を書写して盛んに利用したという。原本は吉良家家臣の宮崎家に伝来し、現在は東京都世田谷区の区立郷土資料館に所蔵されている。さらに、幻庵は永禄十年（一五六七）には娘の吉良氏朝夫人からの要望で、『太平記』の書写を依頼されて書写して与えた。この『太平記』書写本は世田谷城に所蔵され、のちに鎌倉鶴岡八幡宮の相承院の蔵書となり、現在は東京都目黒区の尊経閣文庫に移り、現存している。

吉良氏朝と鶴松院殿の間には吉良氏広が生まれ、氏朝の家督を継いで蒔田城の城主として北条氏直に仕えた。天正十八年の小田原合戦では伊豆国下田城（静岡県下田市）に籠城して、徳川家康に降伏した。江戸時代を迎えた時点で、氏広は蒔田頼久と改名して徳川家に仕え、由緒家として高家に列し、知行として一一二五石を拝領した。その別流の子孫が赤穂浪士の敵役の吉良義央へと続く。

第四節　相模国山内荘の武士たち

泉郷の笠原康明と岡津の太田大膳亮

中世の横浜市域は、その北部から中部は武蔵国、南部は相模国山内荘に属していた。山内荘は鎌倉時代に成立し、鎌倉市から横浜市南部にかけての広大な荘園であった。その名残で、戦国時代にも通称で山内荘と呼ばれていた。現在の横浜市栄区・戸塚区・瀬谷区・泉区・港南区（その一部）の各区域は山内荘の地域である。北条氏の正式名称では相模国東郡の内に入る。この横浜市南部の各区域には、戦国時代には、どのような武士が知行地を持っていたのであろう。『小田原衆所領役帳』によって区毎の知行地と領主を列記すると、次のようである。

〔泉区〕

泉郷　　笠原康明　　下飯田　　川上藤兵衛

飯田	平山源太郎	岡津	太田大膳亮《だいぜんのすけ》
〔港南区〕			
野庭郷	松岡殿（東慶寺）		
〔栄区〕			
笠間	松田憲秀・松岡殿（東慶寺）	飯島	井出《いで》兵部丞《ひょうぶのじょう》・高城《たかぎ》胤吉《たねよし》
本郷公田	宇部左京亮	本郷木曽分	北条綱成
長沼郷	安田大蔵丞	尾金井	上田豹徳軒《ひょうとくけん》
〔瀬谷区〕			
瀬谷	久米玄蕃助	阿久和	増田
〔戸塚区〕			
富塚木曽分	山角定勝	吉田郷	富島
村岡上下	北条綱成	倉田之内	富島
小雀	間宮康俊	前岡	松岡殿（東慶寺）
俣野	後藤助次郎		

これらの領主（武士）たちの主だった者を、現在の区ごとに紹介してみよう。

泉区泉郷は、現在の和泉町に当たり、相模鉄道いずみ野線のいずみ中央駅の周辺になる。境川の中流域で、そこの領主は北条氏康の重臣の笠原康明である。『小田原衆所領役帳』では、康明は小田原城の御馬廻衆に属した北条氏康の側近家臣で奉行を務めた。本拠地は伊豆国奈古屋（静岡県伊豆の国市）で、泉郷の他に小机八朔（緑区）の領主でもあった。笠原氏は元々は備中国荏原庄（岡山県井原市）の荘園領主であった伊勢宗瑞の側近家臣で、宗瑞が関東に入部した時に従って、伊豆国奈古屋に知行を宛行われた。のちに小机城城代を務める笠原信為は、その一族になる。

笠原康明は、はじめは藤左衛門尉を名乗り、のちに越前守を称した。康明の康は北条氏康からの一字拝領で、側近家臣とわかる。若年の頃から小田原城の奉者を務めた。永禄十一年（一五六八）四月には、金沢ほか三か所の湊町の漁民が負担する伊勢東海船の乗組員を出さず、北条氏政から譴責を受けた時の文書に奉者を務めている。この文書は金沢称名寺に伝えられ、金沢文庫に保管されている。

永禄十二年頃から横浜市域の久良岐郡を支配した玉縄城主の北条氏繁が、武蔵国岩付城（さいたま市岩槻区）の城代を兼務すると、康明も岩付城の奉行として転出した。小田原城の家臣から玉縄北条氏の家臣に転属したのである。しかし、その六年後には北条氏繁と不和になった康明は小田原城に帰国し、北条氏政の側近家臣に帰り咲いた。小田原城では裁判沙汰を扱う評定衆という重職を務め、越前守を称し活躍した。天正八年（一五八〇）三月に笠原康明は、北条氏政と織田信長が同盟し、甲斐国の武田勝頼を攻める方策を協議するための使者として、近江国安土城（滋賀県）の織田信長の許に間宮綱信と共に赴いた。信長の案内で壮麗な安土城天守閣を見学したあと、京都の二条御所も見学して見聞を広めた二人は、間もなく帰国した。その結果として二年後には織田信長の武田攻めが行われ、武田勝頼は滅亡に追い込まれることとなる。

笠原康明は、その後も小田原城の評定衆や奉者を務め、天正十五年には上野国厩橋城（群馬県前橋市）の当番衆の目付役に就任している。翌年には大坂城（大阪市）の豊臣秀吉との外交折衝の仲介役に康明が登場し、小田原合戦の導火線となる。結果として北条氏の滅亡となった。浪人となった康明は、のちに豊臣秀吉の抱える浪人衆に加わった形跡があり、慶長五年（一六〇〇）九月の関が原の合戦では、小早川秀秋の浪人衆の一隊として参加し、北条氏旧臣勢を率いて、西軍の島津豊久を攻めている。まさに数奇な運命をたどった北条家家臣の終焉であった。

次に、岡津郷（泉区岡津町）の知行主の太田大膳亮を紹介しておこう。岡津は柏尾川支流の阿久和川の流域に当たる。相模鉄道いずみ野線の緑園都市駅の南方に位置する。地内の横浜緑園総合高校の南、阿久和川と子易川の分岐点には室町から戦国時代の岡津城址があり、土塁や空堀が現在も残っている。城主は不明であるが、江戸時代初期に徳川家の代官頭の彦坂元正が城址内に岡津陣屋を築いたことで知られている。

岡津郷は鎌倉時代末期から史料に見え、戦国時代には北条氏康の家臣で江戸城城代の遠山綱景の重臣であった太田大膳亮が知行していた。大膳亮の実名は不明だが、江戸衆の一軍団を率いる侍大将の一人として活躍した。本拠地は江戸城下の柴崎（千代田区神田）で、他にも多くの知行地を持ち、横浜市域では岡津の他に矢向（鶴見区）や近くの平間（川崎市中原区）も知行した。太田大膳亮の父は太田宗真《そうしん》と名乗り、鎌倉の浄智寺（鎌倉市山ノ内）の天文十九年（一五五〇）銘の梵鐘に「太田越前守三善宗真」と見え、室町幕府の重臣三善氏の出と判明し、小机城を攻めた太田道灌の一族とは別流の太田氏である。

宗真の嫡男大膳亮は、永禄四年（一五六一）三月に、上杉謙信が関東に攻め込んできた時には、下総国関宿城（千葉県野田市）の足利義氏の許に軍勢三〇〇騎を率いて加勢に駆けつけ活躍している。天正七年（一五七九）三月には上杉謙信の養子として越後国に行った上杉景虎（北条三郎）と、上杉景勝との争いに、景虎の加勢として遠山衆の軍勢を率いて出陣した。岡津や矢向・平間の侍達も参陣したことであろう。

笠間の松田憲秀

横浜市栄区の笠間は、東海道本線の大船駅の北西に隣接し、古くから鎌倉街道の通行した交通の要衝として知られている。柏尾川と支流いたち川の分流点に当たる。鎌倉時代末期の史料に見られ、早くから開発された郷村とわかる。戦国時代には玉縄城主の北条綱成の一族である松田盛秀・憲秀父子が知行していた。『小田原衆所領役帳』小田原衆の筆頭に松田憲秀が見え、相模国苅野荘（南足柄市）を本拠に、笠間でも一八〇貫文の知行役高を拝領していた。その注記には、一八〇貫文の内の一〇〇貫文は松田康定、五〇貫文は松田因幡守の知行分とある。残りの三〇貫文は、松田憲秀からの申告で、洪水により田畠が流失したため年貢を納められず、知行役を免除したと記している。最近まで柏尾川の下流地域は洪水が頻繁に起こり住民を悩ませていたが、戦国時代も同様であった。松田康定は松田盛秀の弟で憲秀の伯父に当たる。因幡守は盛秀の兄弟で康定の弟である。笠間は松田盛秀の一族で知行していたとわかる。

松田氏は相模国松田郷（神奈川県松田町）から出た藤原秀郷流波多野氏の支族で、松田氏を名乗り、鎌倉時代から相模国の御家人として活躍した。鎌倉時代中期には一族が備前国（岡山県）に西遷御家人として入部し、室町時代には幕府奉公衆として幕府の奉行人を務めた名族である。相模国に居残った松田一族は、室町時代には扇谷上杉氏に仕えて活躍していたが、明応二年（一四九三）秋の伊勢宗瑞の相模国への侵攻の頃には衰退していた。

伊勢宗瑞の侵攻を知ると復活の機会と、いち早く参加し、本拠地である松田郷も含めた苅野荘（南足柄市）の広大な地を宗瑞から安堵された。盛秀の父頼秀の時代である。盛秀の盛は伊勢宗瑞の実名の盛時の一字拝領で、当初から宗瑞の側近家臣として活躍した。松田盛秀の夫人は北条綱成の妹で、盛秀は北条氏一門に列した重臣となった。永禄元年（一五五八）四月に古河公方足利義氏が小田原城の北条氏康館を訪れ、その時の宴会の儀式では松田盛秀・憲秀父子が、宿老として挨拶している。盛秀はその後の史料に見えなくなるので、その直後に嫡男憲秀に家督を譲り、隠居したものと思われる。

翌年の『小田原衆所領役帳』に松田盛秀は登場せず、笠間の知行主は、すでに嫡男憲秀の知行と記されており、世代交代があったと知れる。笠間は盛秀の頃から玉縄城領に入り、北条為昌との姻戚関係が強いことや、玉縄城領の相模国東郡の東端で、武蔵国久良岐郡との国境の交通の要衝であったという条件からも、為昌の遺領を盛秀が宛行われ、それを嫡男の憲秀に譲渡した可能性が高い。『小田原衆所領役帳』の笠間の注記に、松田康定と因幡守は憲秀の代官と見えるのは、笠間は北条氏の直轄領で、松田憲秀が代官として管理し、康定と因幡守はその又代官（直轄領代官の代理人）として笠間を管理していたと解釈される。つまり、笠間はもとは玉縄城の直轄領であったが、天文十一年（一五四二）五月に為昌が死去すると小田原城の直轄領に編入され、松田盛秀が代官に任命された。それを憲秀が継いだと推移したらしい。

盛秀は、北条氏の分国内の交通の要衝を押さえる笠間のような直轄領の代官を務めた形跡がある。例えば鎌倉街道の多摩川の渡河地点である武蔵国関戸郷（東京都多摩市）の代官職も務めており、それと知れる。

松田憲秀は、永禄十二年（一五六九）六月には従兄弟に当たる玉縄城主の北条綱成と共に、駿河国深沢城（静岡県御殿場市）に籠城して、武田信玄の強兵相手に籠城戦を展開した。横浜市域南部の武蔵国久良岐郡と相模国山内荘は玉縄城領であったから、市域の郷村の武士と、その家臣たちも多く深沢城の籠城戦に参加し、相当の苦労を強いられたことであろう。

また、松田憲秀は天正年間（一五七三〜九二）に入ると、北条氏の支配地域の拡大により、房総半島方面の国衆である原胤栄《たねひで》や酒井康治・正木時忠等の指南役を務めたことから、北条氏に敵対する里見勢との抗争に巻き込まれ、しばしば松田勢は房総方面に出陣することが多くなった。その松田勢にも横浜市域の武士たちが主力として参陣したと推測される。横浜市域の東側の湾岸地帯は、東京湾を挟んで房総方面と隣接しており、北条勢は、軍船を使って房総方面に渡海していったから、どうしても市域の湾岸地帯の武士たちが主力となる結果となったのである。

松田康定の活躍もかなり知られている。前述したように笠間一八〇貫文の知行役の内の一〇〇貫文分（田の面積で二〇町歩）を管理していた。憲秀の伯父に当たる康定は、最初は六郎左衛門、のち筑前守を名乗る。康定の康は北条氏康の一字拝領に浴した側近家臣であることを示し、憲秀と同様に小田原衆に属した。憲秀の家臣である。『小田原衆所領役帳』に製作奉行の一人として参画した。製作奉行には他に太田泰昌・関為清・安藤良整が参画しており、彼等は人足奉行と判明している。康定も小田原衆の人足奉行であった可能性がある。康定も甥の憲秀同様に房総の国衆の酒井康治の指南役を務めた。なお、笠間の又代官を共に務めた松田因幡守については、史料が無く実名なども不明である。

天正十八年(一五九〇)七月に、豊臣秀吉に降伏した北条氏の家臣は、四散して全国に散らばった。松田憲秀は同月に責任をとらされて小田原城下で切腹したが、嫡男の直秀は豊臣方の大名で加賀国金沢城（石川県金沢市）城主の前田利家に仕え、子孫は加賀藩士として江戸時代を生き抜いていった。歴代の墓所は金沢市の法光寺。松田憲秀の墓は神奈川県南足柄市の極楽寺にある。

栄区では飯島の井出氏も紹介しておきたい。飯島は笠間の北に隣接する飯島町の地である。柏尾川の流域に開けた郷村で、鎌倉時代の末期には史料に見られ、戦国時代には鎌倉の円覚寺雲頂庵の寺領が存在した。その領主が井出氏で、飯島の南西部の殿谷には、井出氏の城址と伝える所がある。『小田原衆所領役帳』御馬廻衆に、井出兵部丞が飯島・一一七貫文の知行役高を持っていたと記されている。北条氏康の重臣の山角康定の家臣である。当時の小田原城の御馬廻衆は、北条氏康の側近衆であるから、普段は小田原城内で執務していた。飯島には屋敷を持っていたと考えられる。それが殿谷の城址かもしれない。

井出氏は駿河国井出郷（静岡県富士宮市）の出身で、今川氏に仕え、のちにその一族が伊勢宗瑞に仕えたと思われる。井出兵部丞は、もと玉縄城主の北条為昌に仕えていたが、その後は山角康定の家臣に編入され、北条氏康の御馬廻衆になった。天正二年（一五七四）八月に北条氏政は、鎌倉の東慶寺（鎌倉市山ノ内）の寺領である相模国野庭郷の検地を施行した。その時に検地の増分が出て、その年貢は東慶寺に新たに寺領として寄進された。その増分に賦課された陣夫役（戦場に荷物を運送する人足役、小荷駄ともいう）は一人増員して井出兵部丞に出役することと命じられた。東慶寺領は、戦国時代には野庭郷の他に笠間（栄区）・舞岡郷（戸塚区）の三か所に存在した。すべて横浜市域である。

また、飯島には北条氏康の他国衆になる高城胤吉の知行地も混在した。『小田原衆所領役帳』の他国衆に高城胤吉が見え、飯島で一七貫余文の知行役を持っていた。飯島木部分とあって、かつて木部氏が知行したところを知行したとわかる。高城氏は下総国小金（千葉県松戸市）大谷口城主で、本拠は小金周辺であったが、他国衆の慣例として北条氏に属すると、在京領として北条氏分国内の小地を与えられたので、飯島の木部分を知行として宛行われたとわかる。

木部氏については、かつて佐藤博信氏が研究成果を『続中世東国の支配構造』（思文閣出版刊）に発表されている。それによると木部氏は上野国の国衆で、室町時代には山内上杉氏に仕えていた。その時に木部氏が飯島に知行を持ち、その名残が戦国時代の飯島木部分の地として残ったという。天文五年（一五三六）九月の木村某証文に、飯島内の鎌倉の円覚寺雲頂庵の寺領である木部分の諸公事を免除したと見え、その分とは三貫八〇〇文とあるから、それも含めると木部分は合計二一貫文の地となる。木村某は玉縄城の重臣に木村与次郎が古文書に散見することから、飯島木部分はもと玉縄城の支配範囲と想定される。

さらに、天正五年（一五七七）閏七月には、高城胤吉の嫡男胤辰《たねとき》が殿之谷の田を円覚寺雲頂庵の寺領として認め、諸公事を免除した。この殿之谷は飯島の殿谷の地と思われ、飯島木部分とは、この殿谷のことを指すとすれば、殿谷の城址は室町時代の木部氏の屋敷地か出城の可能性も考えられよう。

戸塚郷の山角定勝

横浜市戸塚区戸塚町は、鎌倉時代から戦国時代の史料には富塚郷と見える。東海道本線の戸塚駅の南に隣接する。『小田原衆所領役帳』御馬廻衆に、山角定勝の知行役高として富塚木曽分で六一貫余文と見える。定勝は当時は小田原城の重臣の石巻家貞の家臣に属した。富塚の肩書に東郡とあり、富塚郷は戸塚郷のことである。木曽分については、同書の北条綱成の知行として本郷木曽分（栄区小菅ヶ谷町）が見え、小字で木曽が残っている。他に同書には武田殿の知行として六浦木曽分（金沢区六浦町）も見えている。木曽分三か所は全て横浜市域に当たる。木曽氏についても佐藤博信氏の研究があり、紹介したい。

同氏の『江戸湾をめぐる中世』（思文閣出版刊）によれば、木曽氏は上野国の国衆で、のちに里見氏の房総への入部に従った者と上野国守護の上杉氏に従った者がおり、これら三か所の木曽分は、その名残であろうと述べている。いずれにしても木部氏や木曽氏は、横浜市域に北条氏が入部する以前に、当該地を知行とした上杉方の国衆の所領で、それが地名化して残った結果と解釈してよいと思われる。

富塚郷の知行主の山角定勝は、かなりの活躍をした北条氏の重臣である。山角氏は山城国宇治（京都府宇治市）の出で、山角定澄が伊勢宗瑞に仕えて関東に入部した。その三代目の定次の三男が定勝になる。山角定勝の娘は松田憲秀の従兄弟の康郷《やすさと》の妻で、北条氏康の家臣であるが、松田一門に列したため、松田憲秀との関係が強かった。憲秀については笠間（栄区）の知行主として前述した。また、定勝は江戸城の遠山氏への指南として、遠山氏と松田氏との仲介役も務めた。

山角定勝は、小田原城の当主が発給する文書の奉者を務めたため、多くの史料に登場している。特に房総方面への文書に多く登場する。この方面の上総国国衆の指南を松田憲秀が務めていたから、房総方面への出陣も多く、その小指南（指南の補佐役）として山角定勝が文書に多く登場してくるのである。また、定勝には出陣に関する史料も少なくない。永禄十二年（一五六九）初頭には、武田信玄の駿河国駿東郡の侵攻に、北条氏と同盟する今川氏真への加勢として定勝も参陣し、富塚郷の武士たちも駿河国東部に出陣して強兵の武田勢を相手に戦った。その時に駿河国駿東郡・富士郡に発給された当主の北条氏政の文書にも、しばしば定勝が奉者として登場している。その間の永禄十二年十月には、武蔵国戸部郷の知行主の上原甚次郎に年貢銭についての文書に定勝が見え、上原氏は武蔵国市郷の知行主で江戸衆であるため、定勝が奉者として登場したと思われる。上原氏は第一章第四節の「江戸衆の武士たち」のところで紹介しているので参照されたい。

永禄十二年からの武田勢との激戦が未だに続く元亀二年（一五七一）三月には、駿河国と相模国の国境に武田勢が迫ってきた。北条氏政は国境近くの河村城（山北町）・足柄城（南足柄市）の普請役を山角定勝に命じた。その普請人足は相模国津久井城（相模原市緑区）城領の郷村の百姓である。津久井城主の内藤綱秀の子直行の夫人は、松田憲秀の娘であった関係から、定勝も内藤氏の小指南を務めた。北条氏が津久井城に加勢の当番衆を派遣した時には、定勝が当番衆頭として同城におもむき、富塚郷の武士たちも同城に籠もったのである。

天正三年（一五七五）には、北条氏政が側近上がりの重臣たちに、忠節の証《あかし》として一斉に受領を与えた。その重臣の一人に山角定勝がおり、紀伊守の受領名を拝領した。武田信玄の死去した後、その戦いへの功績としての恩賞であろう。

山角定勝は、北条氏直の時代も小田原城で活躍した。その一番の功績は、徳川家康との外交交渉役を務めたことであろう。定勝と家康との往復書簡が天正七年十月から見られ、豊臣秀吉と断交した徳川家康と北条氏との同盟交渉に主役を務めた。天正十一年七月には家康との同盟が成立し、家康の娘の督姫《とくひめ》を北条氏直の妻に迎えることが決定した。婚儀の席では、双方の媒酌人を定勝が務めた。その時の関係から、同十八年七月の北条氏の滅亡直後に、定勝は徳川家康から召し出され、浪人した定勝と妻子は、徳川領となった相模国のどこに住もうと自由であり、兵糧米を支給されて家臣の安全も保証された。のちに井伊直政の仲介で徳川氏に仕え、一二〇〇石を拝領して徳川氏の旗本に登用され、慶長八年（一六〇三）五月に七五歳で死去した。旗本の山角家臣には富塚郷の武士もいたものと思われる。嫡男政定も旗本で二〇〇〇石、次男盛繁も旗本五〇〇石で、子孫は共に江戸時代を生き抜いた。定勝は北条氏の旧臣としては実に恵まれた晩年といえよう。定勝の墓は、当初は厚木市酒井の法雲寺にあったが、のちに東京都港区三田の正泉寺に移されている。

ついでに記せば、富塚郷には小田原城の側近家臣の岡本政秀の関係文書が一通知られている。内容は、元亀元年（一五七〇）六月に岡本政秀の家臣三人の給分として富塚郷の陣夫銭の半分を政秀に与えたもので、政秀の知行でもない富塚郷との関係は不明である。もしくは岡本政秀は松田憲秀との関係が深いことからの結果とも受け取れる。

富塚に近い戸塚区舞岡町は、戦国時代までは前岡郷と史料に見えている。東海道本線の戸塚駅の東方に位置する。緑の自然を残した舞岡公園があり、市民の憩いの地として知られている。この地は戦国時代は東慶寺（鎌倉市山ノ内）の寺領として終始した。『小田原衆所領役帳』の寺領には松岡殿《まつがおか》と見える。松岡殿とは松岡山東慶寺のことで、時の住職の瑞山法祥を指す。瑞山法祥は古河公方足利高基の娘で、当時の東慶寺は鎌倉尼五山の第二位に位置した尼寺であった。『小田原衆所領役帳』には笠間・舞岡・野庭の三か郷村を寺領として記載し、知行役高は笠間が三〇貫文とあるのみで、舞岡・野庭についての寺領役高の記載が無い。多分、北条氏は高貴な住職のいる東慶寺には遠慮して知行役（人足役）を賦課しにくかったものと推定される。

北条氏綱の大永七年（一五二七）八月の文書には、舞岡郷は東慶寺領のため、諸公事は免除するが陣夫（戦場に荷物を運送する人足役）三人は賦課するとした。天文十八年（一五四九）三月には、北条氏康の命令で、石巻家貞が松岡殿領の舞岡・野庭の両郷に、郷内では鳥捕人が小鳥を捕獲することを禁止している。山林豊かな舞岡・野庭両郷の様子を述べており、現在まで も続く自然の情景を彷彿とさせている。不法を犯した者は百姓が北条氏に訴えれば吟味して処罰すると述べており、いかに小鳥が豊富に生息した自然林の状態を知る。

天正二年（一五七四）八月には、北条氏政は舞岡・野庭両郷に、ほぼ同文の検地結果を知ら

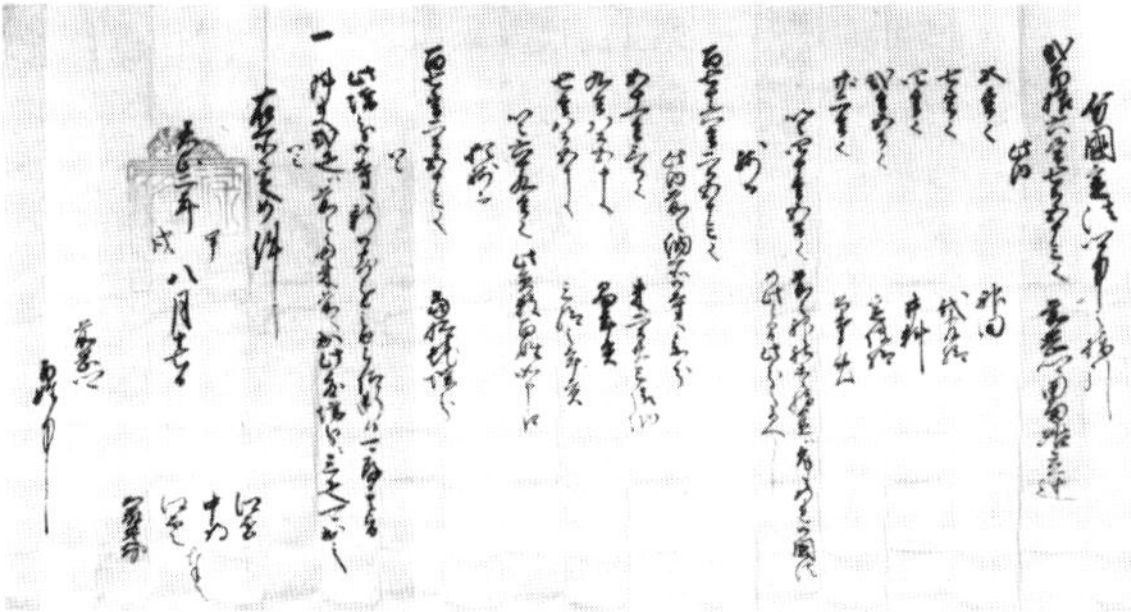

北条家朱印状　天正２年（1574）８月　鎌倉市山ノ内・東慶寺蔵　鎌倉国宝館提供

せる文書を発給している。舞岡郷の文書を紹介してみよう。まず、検地の結果、二一六貫余文が郷高と決定した。北条氏では田一反が五〇〇文計算であるから、すべてが田であれば四三町歩余となる。この内から神田等の諸税を差し引くと、残りは一七六貫余文となる。この内から、従来は東慶寺に納める年貢米は、田と畠他で合計六九貫文分が寺納め分と決まっていたが、この度の検地施行で、一〇七貫余文も増分が出た。この増分は新規に寺に寄進されたと記している。田で計算すると二一町歩の寺領増加となる。しかし、畠の年貢分も一〇貫文弱とあるから畠も相当に存在していた。検地以前からみると三倍に近い増加である。当時はまだ開発途上で、新田開発が進んでいたことを示している。

その他に、郷民には人足役である陣夫の出役が賦課されている。従来は陣夫二人と馬二匹を多米氏に提供する規定であったが、この検地結果により陣夫三人・馬三匹が増加し、合計陣夫五人と馬五匹を提供することと命じられた。ここに出てくる多米氏は、神奈川郷青木城主の多米氏と推定される。多米氏の出陣の時には、舞岡郷からは陣夫五人と馬五匹が合戦場に向かった。出陣の無い時には陣夫銭と称する年間一人で八貫文を北条氏に支払うから、合計四〇貫文（銭で四万文）を支払う計算になる。いずれにしても、陣夫役は郷村民には重い負担であった。通常では、検地施行の増分は北条氏に収公されるのが普通であるが、この両郷については、検地増分は東慶寺に寄進されており、特別な例外である。

第四章
玉縄城の支配と海上防衛

玉縄城址　昭和40年（1965）頃　鎌倉市植木

第一節　玉縄城の歴代城主

北条氏時と北条為昌

相模国東郡（旧来の高座郡と鎌倉郡）・三浦郡、そして武蔵国久良岐郡を支配領域とした相模国玉縄城は、もと扇谷上杉氏の城であった。その城を伊勢宗瑞が鎌倉および三浦半島への押さえとして再興し、相模川以東の統治の政庁とした。柏尾川下流の段丘上に築かれた大城郭で、現在の東海道本線大船駅の西方一五〇〇メートルに所在し、清泉女学院が本丸跡に立地している。昭和四〇年代まで、城の土塁や空堀、曲輪や虎口等の遺跡が残っていたが、その後の宅地造成で、ほとんど消滅し、同女学院の校地周辺に土塁を残すのみとなった。玉縄城の支配領域内の相模国東郡の東端部にあたる山内荘の一部、武蔵国久良岐郡の全域部分が、現在の横浜市域に入っている。

伊勢宗瑞が鎌倉を制圧した永正九年（一五一二）八月の頃から、玉縄城は宗瑞の小田原城の支城として機能したと思われるが、その年代は明確ではない。初代城主は宗瑞の次男氏時で、以後は北条為昌―綱成―氏繁―氏舜《うじとし》―氏勝と六代が続いた。北条氏時は享禄四年（一五三一）八月に死去したことは判明しているが、史料が文書三通（発給文書は二通）と極端に少なく、その実像はほとんど不明である。

二代目玉縄城主の北条為昌は、小田原城当主の北条氏綱の三男といわれ、永正十六年（一五一九）に生まれた。父親については伊勢宗瑞の三男氏広（のち葛山氏の養子＝今川氏親の家臣）との説もある。為昌の為は公家の冷泉為和の系字であろう。為昌は通称を彦九郎と名乗り、男子の少ない北条氏綱の嫡出子（もしくは養子）として幼くして玉縄城主・河越城城代に就任した。その発給文書は、九通が現在知られている。為昌は天文十一年（一五四二）五月に弱冠二三歳で死去したため、このように少しの文書しか残存しなかったものと推定される。その初見は享禄四年八月に北条氏時が死去した翌年の七月の文書で、鎌倉の光明寺に宛てたものである。氏時の死去と同時に玉縄城主に就任したと判明する。この時、為昌はわずか一四歳ということになる。幼い城主を後見して助けたのは、鎌倉代官を務めた大道寺盛昌で、玉縄城代も務めた。盛昌は為昌の元服式で烏帽子親を務め、北条氏綱の一族衆である。

九通の北条為昌文書の内で、横浜市域に関するものは、天文六年六月前後に神奈川郷の領主の矢野右馬助に宛てた四通が確認されており、為昌の時代の神奈川郷の詳細を知る貴重な内容である。すでに第二章第二節で「神奈川湊と矢野氏」として紹介したので、参照していただきたい。残念ながら、矢野氏以外の横浜市域関係の為昌文書は確認されていない。為昌の死去により小机城と家臣団は北条幻庵に、河越城と家臣団は北条綱成に、三浦郡と家臣団は北条氏康とに三分割され配属された。

北条綱成と北条氏繁

天文十一年(一五四二)五月に死去した北条為昌の跡は、北条氏綱の娘婿の北条綱成が為昌の養子として三代目の玉縄城主に就任した。綱成の家族構成については、最近の黒田基樹氏の研究で、かなり判明するにいたった(『戦国史研究』五九号)。それによれば、綱成の父は福島《くしま》九郎と名乗る駿河国の今川氏親の重臣である。のちに北条氏綱に仕え、侍大将を務めた。福島九郎の妻は伊豆国の朝倉氏の娘養勝院殿で、綱成の母である。のちに綱成が鎌倉の岩瀬に大長寺を建立して母の菩提を弔った。

大長寺には養勝院殿の生前の木像が納められ、その胎内銘には息子に綱成・綱房兄弟、娘がおり、娘は松田盛秀の妻と記されていた。盛秀の嫡男が笠間の領主の松田憲秀である。綱成は北条氏綱の娘大頂院殿を妻に迎えて北条一門に列し、福島姓から北条姓に変わった。綱成の通称は孫九郎、官途は左衛門大夫、のちに隠居して上総入道と号した。

ただし、私の最近の調査によれば、養勝院殿は福島九郎の嫡男孫九郎の妻で、その嫡男が綱成である可能性が出てきた。つまり、孫九郎と綱成は同一人物ではなく。父子の関係ということになる。この説が正しければ、玉縄城主は為昌の跡は北条孫九郎―北条綱成―北条氏繁と続いたとなる。この孫九郎と綱成の父子説については、孫九郎関係文書が三通しか確認されておらず、確実であるか否かは今後の問題であろう（『藤沢市史研究』四十五号）。

現在、北条綱成の発給文書は天文十三年（一五四四）九月の文書を初見とし、天正十年（一五八二）八月まで、合計二八通が確認されている。その内で、横浜市域関係の文書は残念ながら一通も確認されていない。

養勝院木像（修復前）　鎌倉市岩瀬・大長寺蔵　鎌倉国宝館提供

玉縄城領の範囲については、永禄六年（一五六三）六月に北条氏政から玉縄城の普請役を相模国東郡・三浦郡、武蔵国久良岐郡の全郷村に賦課していることから、その領域が判明している。その時の普請役の責任者は、綱成の嫡男の北条氏繁が務めていた。横浜市域の玉縄城支配下の郷村民は、五年に一度の割合で玉縄城の塀の修理として出役させられた。なぜ、この命令書が北条綱成でなく、小田原城の当主の北条氏政から発給されたのであろうか。それは玉縄城の置かれた立場によるものであった。

玉縄城は小田原城の重要な支城であったが、北条氏の政策により、相模国は津久井領（相模原市緑区）を除く全域が北条氏の「本国領」と規定されていたことによる。玉縄城主の支配権力には制限が加えられており、郷村支配の部分は小田原城の直接支配に属していた。そのために綱成の文書には郷村関係の文書は少なく、他国の大名への外交文書が多いという結果を生んだのである。北条一門でも綱成の地位は低いものであった。しかし、綱成は豪傑として知られ、江戸時代の『北条五代記』等の軍記物には、黄八幡の旗指物を靡《なび》かせ戦場を疾駆したと、綱成の剛胆振りが描かれている。横浜市域の武士たちも、多くの合戦場で大活躍したことを彷彿とさせる。

玉縄北条氏の地位が上がったのは、北条綱成の嫡男氏繁の時である。四代目の玉縄城主は北条氏繁が継いだ。氏繁の母は北条氏綱の娘大頂院殿で、氏繁は北条氏康の従兄弟に当たる。氏繁は天文五年（一五三六）に生まれ、最初は康成と名乗り、通称は善九郎、官途は左衛門大夫、受領は常陸守を称した。妻は氏康の娘七曲殿である。元亀二年（一五七一）十月に北条氏康が死去して父綱成も隠居し、康成が家督を相続して玉縄城主に就任した。この時に北条氏政から北条氏の通字の氏の字を拝領し、氏繁と改名して北条氏の通字を名乗る北条一門に昇格した。

北条氏繁の発給文書は、現在、永禄元年（一五五八）六月を初見として天正六年（一五七八）四月までの合計四七通が確認されており、玉縄北条氏の歴代文書では最多の数である。横浜市域関係の文書も多く、九通を数える。武蔵国久良岐郡下の岡村の龍珠院（磯子区岡村町）・金沢の鍛冶職・本牧郷に宛てた文書が知られている。これらの文書については、当該郷村の所であらかた紹介したので、その部分を参照されたい。

北条氏繁は玉縄城主とともに、のちに岩付城（さいたま市岩槻区）の城代も兼務したため、岩付城関係の文書も少なくない。さらに晩年近くには常陸国の佐竹義重への防御拠点として下総国飯沼城（逆井城＝茨城県坂東市）を築城して城代に転出し、その城で天正六年（一五七八）六月に死去した。氏繁も父綱成に劣らぬ豪傑として知られたが、絵画の上手な武将としても著名である。氏繁の描いた老松に憩う鷹の絵が残っており、美術史家の鑑定でも玄人はだしの出来映えとのことである。裏に署名と花押が捉えられている。

北条氏舜と北条氏勝

五代目の玉縄城主は、北条氏繁の嫡男氏舜が継いだ。父氏繁が飯沼城に転出した天正五年頃に、玉縄城主に就任したと推定される。北条氏舜については、最近まで玉縄城主とは認識されておらず、その存在までも全く知られていなかった。三〇年程前に佐藤博信氏の研究によって、はじめて知られた武将である。関係文書も九通と少なく、現在でも詳細不明な武将の一人である。官途が左衛門大夫と文書に見えることから玉縄城主と判明した次第で、北条氏関係の系図類にも登場してこない。左衛門大夫の官途は、玉縄北条氏の綱成からの歴代が称した官途である。天正十年（一五八二）には死去したと言われている。氏舜の発給文書は、天正六年六月を初見として同八年五月までの二年間で九通と少ない。若くして死去したと判明する。それでも横浜市域関係の文書は四通も確認されている。それは、玉縄北条氏の重臣であった堀内氏の関係文書である。今まで紹介していないので、ここで紹介しておこう。

内容は堀内康親に久良岐郡大谷郷を勲功により宛行ったものである。天正七年二月の文書では大谷郷内で五〇貫文の地を、堀内康親に宛行っている。ここで問題は、大谷郷の所在地が不明であったことである。文書には本牧領大谷郷と見えている。江戸時代には久良岐郡で大谷という村名は見られない。『新編武蔵風土記稿』でも記述されていない。ただ、磯子区杉田七丁目に大谷という字名があり、現在は杉田大谷団地の敷地となっている。確証は無いが、今は当地に比定しておく。

北条氏舜の跡は、弟の氏勝が六代目の玉縄城主に就任した。氏舜に男子がいなかったためであろう。母は北条氏康の娘で氏繁の妻新光院殿（七曲殿）。官途は左衛門大夫である。兄氏舜が死去したため、天正十年六月には玉縄城主となる。発給文書は天正十年五月を初見として天正十八年四月まで二九通が確認されている。これは北条氏が滅亡した時までの文書で、その後、氏勝は徳川家康に仕えて下総国岩富城（千葉県佐倉市）城主に入部することから、北条氏滅亡後の関係文書が一〇通ばかり増加する。戦国時代の文書二九通の内で、横浜市域に関する久良岐郡関係の文書は一七通を数える。そのいくつかを紹介してみよう。

天正十二年（一五八四）九月には、北条氏勝は上総国嶺下郷（千葉県富津市）の鋳物師の棟梁で、東京湾を往来した流通商人でもある野中遠江守に、兄氏舜の時の如く、遠江守を玉縄衆の一員と認めて対岸になる武蔵国久良岐郡の金沢や神奈川の湊への自由な出入りを許可した。翌年十二月には、重臣の堀内勝光に知行として本牧領内の大谷郷（磯子区杉田）・金沢村・郷戸村（保土ヶ谷区）・帷子《かたびら》村（保土ヶ谷区）・保土ヶ谷村（保土ヶ谷区）で五〇〇貫文を宛行った。天正十四年二月に、北条氏勝は鈴木又右衛門尉に対して相模国東郡と武蔵国久良岐郡の全郷村民に、又右衛門尉からの借金を速やかに返済するように命じた。当文書には、氏勝の花押の代わりに玉縄と署名し、朱印を捺印している。この朱印は玉縄城主での唯一のものである。

この他にも、玉縄城と横浜市域郷民との関係を示す北条家文書が幾つかあり、例えば、天正十年五月には、北条氏直が相模国足柄城（南足柄市）の普請を命じ、北条氏勝の人足一〇〇人で工事させた。横浜市域の玉縄領からも相当の郷民が人足として派遣されたとみて間違いはない。同十二年正月には、北条氏直が北条氏勝の玉縄衆を、上野国厩橋城（群馬県前橋市）に当番衆として派遣させた。玉縄衆も大忙しである。

豊臣秀吉の大軍に攻められ、天正十八年七月に小田原城が開城すると、前述のとおり北条氏勝は助命されて徳川家康の配下となり、下総国岩富城で一万石を拝領して外様大名となった。

慶長十六年（一六一一）三月に死去し養子の氏重が継いだが、同十八年に下野国富田藩（栃木県矢板市）に転封となり、岩富藩は廃藩となった。

第二節　里見水軍との海上決戦

伊豆水軍の山本氏の活躍

横浜市域の東側は、東京湾の西岸に沿った海岸線が続く。その対岸は房総半島の内湾地帯である。東京湾の海流は三浦半島から横浜市域の東側に沿って時計廻りに房総半島の内湾地帯に流入しているから、戦国時代の手漕ぎの軍船でも、本牧岬から対岸の木更津（千葉県木更津市）まで数時間もあれば渡海できた。その東京湾を挟んで北条氏と房総の里見氏が敵対していたから、横浜市域の湾岸地帯は、常に里見水軍の来襲の危険性に晒されていた。もちろん、北条氏も房総方面に果敢に軍勢を出し渡海させたから、房総内湾の郷村も同様な危険に晒されていたことも事実である。

横浜市域の湾岸地帯には、海を越えて里見氏の知行地が存在したとの伝承も多い。大永六年

（一五二六）暮には、里見義豊の軍勢が杉田浦に上陸して柏尾川沿いに鎌倉を攻め、鶴岡八幡宮を焼いた。その戦死者の供養塔が、大船駅近くの柏尾川河畔に建っている。また、鶴見区松蔭寺には里見義堯を祀る義高入道堂が残り、そこの領主が義堯の家臣であったという。軍勢のみならず海賊の襲来にも脅かされ、富岡郷（金沢区）の領主の柳下豊後守は、海賊に襲撃されて槍で刺し殺され、その時の槍と由来書が磯子区の柳下家に伝来している（『横浜　歴史と文化』有隣堂刊）。

玉縄首塚　平成23年撮影　鎌倉市岡本

　北条氏は、この里見氏との国境で激戦地でもある東京湾の海上防衛には、強力な水軍の用意と、水軍城を湾岸の要衝に築城して防衛に努めた。神奈川の権現山城や本牧岬の突端に監視場を設け、三浦半島の突端には三崎城と浦賀城を構えて、水軍の出撃拠点とした。北条氏は水軍の強化策として、遠く紀伊水道の梶原水軍を高給をはたいて傭兵として雇い、他に伊豆半島西海岸の水軍を東京湾岸に回して水軍力の強化に努めていた。

　この伊豆水軍の主力が、伊勢宗瑞に初期から仕えた山本定次である。山本氏は伊豆国田子郷（静岡県西伊豆町）の豪族で、山内上杉氏に仕えていた。明応二年（一四九三）秋に伊豆北部に侵攻

浦賀城址　平成23年撮影　横須賀市東浦賀町

した伊勢宗瑞に従って家臣となった。のちに北条氏綱の家臣となり、玉縄城主の北条為昌に配属された。定次の以後は家次―正直―正次と続いて水軍大将を務めた。『小田原衆所領役帳』では本光院殿（北条為昌）衆の一人に山本太郎左衛門家次が見え、田子の小松を本拠に一三五貫文の知行役を賦課されていた。同僚には永谷（港南区）・永田（南区）の知行主の宅間富朝がいる。この山本家次は北条為昌の家臣として、東京湾の海上防衛に活躍した。

　北条為昌の死去する天文十一年（一五四二）までは、東京湾の海上防衛は玉縄城の管轄で、横浜市域の湾岸地帯の漁村民も軍船の水夫として雇われ活躍した。

　天文二年八月に北条氏綱が東京湾を渡海して安房国に侵攻し、里見義豊を攻めた時に、妙本寺砦（千葉県鋸南町）の合戦で山本家次が戦功を立て、玉縄城主の北条為昌から感状を受けた。これが東京湾での山本氏関係の史料の初見である。為昌死去後の永禄三年（一五六〇）七月の北条氏康の文書では、武蔵国柴浦（東京都港区芝浦）に浦賀城の水軍船の管理費用として船方番銭を賦課した。毎月一貫五〇〇文の割りで、月末までに浦賀城の水軍大将の愛洲兵部大輔・山本家次・近藤某に届けることと命じた。柴浦は蒔田城の吉良頼康の管理する湊で、水軍の基地であった。この文書から山本家次が浦賀城におり、北条為昌の家臣から北条氏康の家臣に転属したと判明する。

玉縄城の支配圏であった相模国三浦郡は、北条為昌の死去後は氏康の直轄領となり、永禄十年（一五六七）頃からは北条氏規（北条氏康の五男）が三崎城主に就任したため、三崎城領に割譲されている。山本家次も北条氏規の家臣に配属された。玉縄城領の相模国東郡と武蔵国久良岐郡は、そのまま玉縄北条氏の支配地として残された。

永禄十二年に入ると、房総の里見義弘は、甲斐国の武田信玄と協力して北条氏政を挟み撃ちにする作戦を立て、横浜市域の湾岸地帯にも果敢な攻撃を仕掛けてきた。東京湾上での戦いは一段と激しさを増してきた。同年六月には、三崎城主の北条氏規が山本正直に感状を与え、金沢の船三隻が海上で里見方の水軍船に拿捕されたが、山本水軍が途中で取り戻し、さらに里見の軍船二隻を対岸の富津浦（千葉県富津市）に追い詰め、合戦に勝利したのは功績であると賞している。正直は家次の嫡男である。元亀元年（一五七〇）十月に、北条氏規は家次・正次父子に対岸の上総国沿岸の半手郷（北条氏と里見氏との両属の郷村）の管理者に、金沢湊出入りの流通商人である野中氏を任命し、海上防備については家次・正次父子に任せると通告した。

天正四年（一五七六）三月の北条氏規文書では、上総国の半手郷は一七か郷村の多くにのぼり、

義高堂　平成23年撮影　鶴見区東寺尾・松蔭寺

管理者の野中氏の負担が重すぎることから、新たに五人の者を管理者に任命し、それを山本父子に総括させた。半手郷の郷民は、北条・里見双方の軍勢に侵略されてはたまらないから、双方に折半して年貢を納めることで、郷村の危険を緩和しようとしたものと思われる。とすれば、史料は残ってはいないが、横浜市域の湾岸地帯にも半手郷が多く存在したと思われる。そのことが、市域の東京湾岸に残る、里見氏の知行地伝説として残った形跡があるのである。松蔭寺の里見義高堂の存在は、その好例と思われる。

半手郷の管理者の野中氏は商船を持つ交易商人で、本拠は上総国嶺下郷（千葉県富津市）であったが、三浦郡を治めていた玉縄城主の北条綱成とも被官関係を結ぶという武士化した商人であり、両属の立場を買われて、北条・里見同盟の交渉の仲介者をも務めたという。

山本氏自身も水軍大将であると共に、商船を持つ交易商人であったらしい。天正五年（一五七七）五月の北条氏規の文書には、山本氏に東京湾海上で廻船（商船）六隻を引き取ることを許可しており、それらしいことを匂わせている。また、神奈川湊の矢野氏も水軍船と廻船を管理しており、山本氏と同じような立場であった。年代は不明ながら某年四月の北条氏規の文書に、矢野右馬助に氏規管下の軍勢を任せており、この軍勢は神奈川湊の水軍と思われる。神奈川湊は久良岐郡の内で、玉縄城の支配範囲であるのに、管轄外の三崎城の北条氏規が文書を発給したのは解せないが、特別の理由が存在したと思われる。

山本家次の嫡男正直は、天正五年（一五七七）四月に里見氏との合戦で討ち死にし、その弟正次が兄正直の家督を相続した。家次・正次父子は武田勝頼との抗争が激化する伊豆国西海岸の海上防衛も受け持ち、武田水軍とも戦っていたから、かなりの苦労を負わされていたと想像できる。この年の四月には、伊豆国から遠い東京湾の海上防衛の苦労に対して、家次が訴えたため、北条氏規は三浦郡での知行替えを許可している。北条氏規は三崎城主と伊豆国の韮山城（静岡県伊豆の国市）城代を兼務していた。山本正次は同年九月には、上総国佐貫（千葉県富津市）前の海上で里見水軍の軍船三隻を拿捕した戦功を北条氏規から賞され、十二月に感状と太刀を贈呈されている。

横浜市域の湾岸地帯の沖合では、里見水軍との激闘が続いていたが、陸上では次第に里見義弘は北条氏政に追い込まれていき、この年の暮れには氏政と和睦した。その結果、東京湾の海上騒乱はようやく終息し、山本氏の活躍も史料から消えている。

北条水軍の軍船維持

北条氏の水軍大将には、山本氏と共に活躍した梶原景宗の存在も無視できない。梶原氏は紀伊水道の水軍として活躍した梶原水軍の一派で、戦国時代に北条氏康に雇われて傭兵となった。武田氏や徳川氏の水軍も伊勢・熊野の水軍を傭兵として抱えていたから、どこの戦国大名も同様の手立てをして水軍の強化をしていたとわかる。

梶原景宗は、北条氏文書には永禄五年（一五六二）八月に初見され、北条氏康から景宗が相模国小坪（逗子市）・岩戸村（横須賀市）で一一一貫文の知行を宛行われ、海上の警護を任された。永禄二年の『小田原衆所領役帳』に梶原景宗は見えないから、この直後に雇われたと推測される。永禄六年九月には、景宗は北条氏康から小坪・岩戸の他に三浦郡内で一一七貫文、さらに武蔵国菅生（川崎市宮前区）・小沢（川崎市多摩区）で二〇〇貫文を拝領し、知行役高は合計四二八貫文に上った。景宗の本拠は水軍の基地として恰好な水深のある小坪湾と思われる。

梶原氏の関係文書には、多く梶原番銭とか船方番銭等の文言が見られる。列挙すると、その初見は永禄八年七月の北条氏政の文書で、相模国真名鶴（真鶴町）の船持衆に梶原番銭を賦課し、また、伊豆国仁科郷（静岡県西伊豆町）には船方番銭の未納を催促している。翌九年閏八月には、北条氏康が伊豆国西浦木負《きしよう》（静岡県沼津市）に梶原番銭の銭の値段について百姓から訴えが届けられた。天正七年（一五七九）十一月には西浦の番銭が毎年納入されておらず、催促して支払わせると梶原景宗に約束した。同十一年六月には、伊豆国道部（静岡県松崎町）に北条氏が賦課した船方番銭は月毎五〇〇文と決めていたが、半年間も納入されずと見える。翌年正月には北条氏直は、伊豆西海岸の倉地氏に西浦の船方番銭を梶原景宗のいる所に届けさせた。

これらの文書の内容から総合判断すると、梶原番銭（もしくは船方番銭）は、伊豆国から相模国の漁村に賦課された特別税で、月毎に五〇〇文、水軍として移動する梶原景宗の居場所を確認してから届けることが義務づけられていたと解釈される。つまり、梶原氏の軍船の乗組員として漁村に水主《かこ》役を賦課したが、合戦の無い時には月極めの船方番銭という名目で銭を徴収したと考えられる。それ程に水軍の維持には費用が掛かったのである。とくに、梶原氏の配下には愛洲氏・橋本氏・武田氏・安宅氏等の紀伊水軍が随伴しており、大型軍船で鉄鋼船の安宅船を所持していたことなどから、莫大な維持費を必要とし、北条氏に要求していたと推定される。安宅船は浦賀湊で建造されたが、そこには横浜市域の神奈川・金沢・青木・日野にいた鍛冶職人たちが詰めて、船体や船具らを設えたのである。天正八年（一五八〇）六月、北条氏政は梶原景宗に安宅船の完成と同時に維持費のため、相模国久里浜郷（横須賀市）一五〇貫文を知行として宛行っている。

梶原景宗と山本家次・正次父子とは、時として共同で東京湾の海上防衛の任務に就いており、天正十三年七月には三崎城で、三浦半島の湊を出入りする他国船を臨検する係奉行を両人で務めている。翌天正十四年（一五八六）九月には対岸の上総国土気城（千葉市緑区）の酒井氏に、両人で兵糧米を船で届けさせた。また、梶原景宗は紀伊国との太平洋交易にも従事しており、天正十四年三月には、北条氏直が景宗に紀之湊（和歌山県）の廻船問屋の佐々木刑部助が商売として北条領に入津することを許可している。

先の永禄六年（一五六三）に景宗に宛行われた菅生・小沢両郷の二〇〇貫文については、天正元年十一月に扶持給の支払いに替えられたらしい。一九〇貫五〇〇文の内の一三一貫文分は、両郷の属した鶴見川流域の小机筋の反銭で斉藤新右衛門から、残りは相模国中郡の反銭で支払われた。横浜市域北部の郷村に賦課された反銭の一部は、東京湾の海上を警備する梶原水軍の維持費として使用されていたのである。

梶原景宗は、再度の帰国願いも北条氏から引き止められ、結局は天正十八年七月の北条氏滅亡まで北条水軍として活躍した。その後は紀伊国に帰国して、和歌山城の城主に郷士として仕え、北条水軍の関係文書を伝えたのである。

玉縄衆の海上防備

北条水軍の山本氏や梶原氏を支えたのが、東京湾岸の湊に盤踞した玉縄城の水軍衆であった。天文二年（一五三三）八月の北条為昌の感状では、山本家次の安房国妙本寺砦（千葉県鋸南町）の里見勢攻めの功績を讃えており、羽田・神奈川・本牧・杉田・金沢・浦賀等の各湊の玉縄水軍が渡海した事実を知ることができる。『小田原衆所領役帳』の玉縄衆には、北条綱成が本牧、間宮康俊が杉田、行方康親が六郷羽田（東京都大田区）、浦賀水軍の愛洲兵部少輔と高尾氏が佐原（横須賀市）と和田（三浦市初音町）の知行主として見え、それらの地域が玉縄水軍の根拠地であった。玉縄城主の北条為昌の時から、これらの玉縄水軍が東京湾の海上防備と共に、房総方面への渡海軍勢の主力として活躍していたのである。

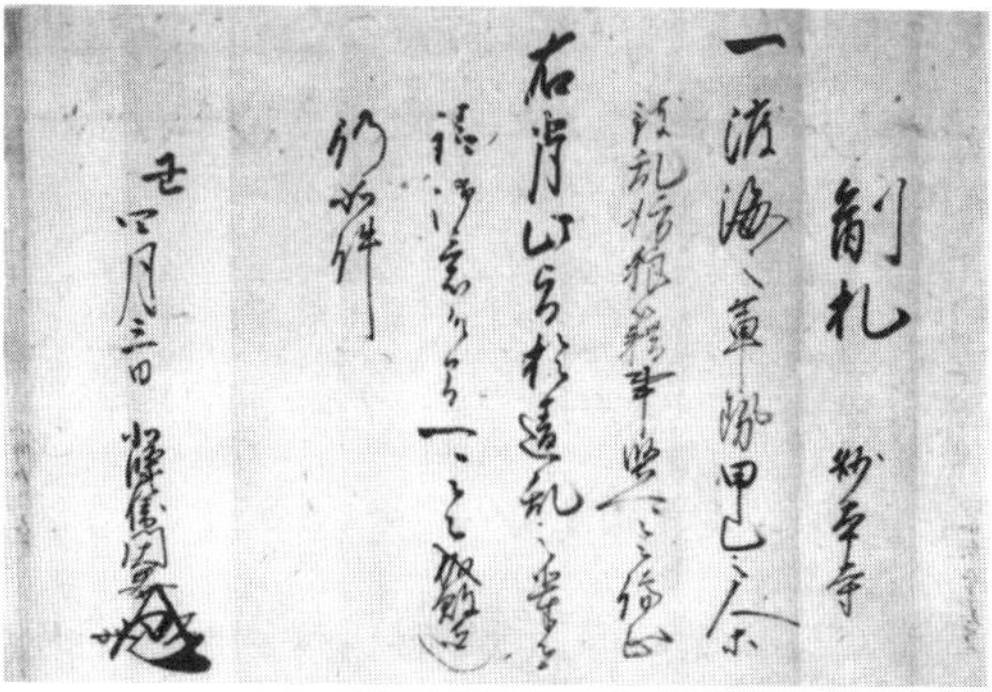
北条綱成制札　天文22年（1553）4月　千葉県鋸南町・妙本寺蔵　横浜市歴史博物館提供

天文十三年（一五四〇）九月にも北条綱成が対岸の妙本寺砦のある妙本寺に禁制を掲げており、玉縄水軍が渡海したとわかる。同二十二年四月の妙本寺に出した綱成の制札には、明確に「渡海の軍勢」と記して、彼等が妙本寺境内で乱暴狼藉するのを禁止している。横浜市域の漁村の郷村民が、いかに多く軍船操作のための水夫に狩り出されたかを知るのに、充分であろう。

永禄元年（一五五八）六月には、北条氏繁が玉縄水軍を率いて房総に渡海し、上総国国衆の秋元氏の重臣東修理亮を支援して上陸し、里見勢と激烈な陸上戦を展開した。その結果、東《とう》修理亮は北条綱成・氏繁父子から感状と太刀を贈呈されている。

永禄二年三月には、北条氏康は東京湾対岸の内房地域に勢力を持ち、玉縄衆に属した正木兵部大輔《ひょうぶだいすけ》に、北条綱成父子の軍勢は浦賀城に集結し、守備しているから安心してほしいと知らせた。浦賀城が玉縄水軍の出撃地であった。反対に、安房国の里見水軍勢が三浦半島や鎌倉方面に侵攻することもしばしばであった。永禄四年三月には、里見勢が三浦半島を迂回して鎌倉の腰越浦（鎌倉市）に敵前上陸してきたのを玉縄衆が撃退し、佐枝治部左衛門《さえだじぶざえもん》が北条氏康から感状を受けた。治部左衛門は相模国山内本郷（栄区本郷台）の知行主である。

また、川崎市域の北側を流れる多摩川は、小机領と江戸領との境目で、北岸は遠山氏の支配する江戸領であった。しかし、多摩川の河口部の六郷羽田（羽田国際空港の地域）の知行主の行方氏は水軍の管理者で、玉縄衆に属していた。

永禄四年九月に、北条氏政は羽田浦の船持衆と北条綱成の奉行に、氏政が出陣するので、東京湾の海上防備を綱成に任せ、羽田浦にもやう東海船三隻を軍船に徴発し、一隻に六人の水夫を乗せて一隻五日間の輪番で、羽田沖の海上警備を命じた。羽田浦の漁民一八人が水夫として働かされた。東海船とは、武蔵国から相模・伊豆から駿河・伊勢方面に向かう太平洋航路の外洋船である。永禄十一年（一五六八）四月には、北条氏政は伊勢国（三重県）に向かう東海船の水夫役を金沢（金沢区）等四か所の湊に船方番銭として賦課したが、四人分の船方番銭が未納であると催促している。羽田も金沢も太平洋航路の交易船の寄港地であり、その交易船を海上警備の軍船に転用したとわかる。玉縄水軍が北条氏直轄の山本・梶原水軍と協力し、東京湾の海上警備を務めていたことは明白である。

玉縄城主の北条綱成は、東京湾警護の水軍の統括者として安宅船と呼ばれた大型の軍艦を持つ梶原景宗を配下としていた。永禄十年九月には、北条氏は相模国三浦郡上宮田（三浦市南下浦町）のもと玉縄衆の伊東新左衛門に、綱成の大船の碇を修理した功績を認め、知行として一〇貫文を宛行っている。船頭は梶原配下の愛洲兵部少輔である。愛洲氏は梶原氏と同じ紀伊水軍の出で、梶原景宗と共に北条氏の傭兵として雇われて玉縄衆に配属され、水軍大将として活躍した。安宅船の操船に熟達した作戦参謀で、その配備は里見水軍との海上決戦への対応とみられ、先の碇の修理は、その激戦のさまを物語っている。安宅船の操船には多数の櫓《ろ》を整然と扱う必要があり、漕手の水夫の訓練も行われたと推定される。

天正三年（一五七五）八月、北条氏政の命令で玉縄城主となった北条氏繁は、対岸で里見勢と激闘を重ねる一宮城（千葉県一宮町）の正木藤《とう》太《た》郎《ろう》への救援のため、兵糧四日分の一四〇俵の米を海上輸送した。自身も玉縄衆を率いて茂原（千葉県茂原市）方面に出陣している。対岸に存在する北条方の城々には、里見氏との対抗上、多くの兵員が在城しており、その兵糧米の確保に難儀していた。天正四年（一五七六）九月の日蓮宗僧侶の日学覚書では、北条綱成は、二〇〇隻の軍船で館山沖に来襲し、その周辺一〇里四方の郷村に火を懸けて焼き払い、荒し回ったとあるから、田畑の荒廃を招き、米麦の収穫は望めなかった。そこで横浜市域の湾岸地域の郷村から兵糧米の海上輸送となった。同年七月に、北条氏繁は本牧湊（中区小港町か）から対岸の木更津湊（千葉県木更津市）までの海上中に、本牧郷周辺に北条氏と里見氏の双方に年貢を出す半手郷が存在したため、対岸の村に年貢半分を送りたいと北条氏政に懇願したが許されず、代わりに木更津までの海上の安全航路を保証されている。氏政が本牧郷の兵糧米の流出を懸念したためと思われる。

このように、東京湾を挟んで、北条氏と里見氏との激闘は展開したが、天正五年末には里見義弘が屈伏する形で北条氏政との同盟が成立し、東京湾での動乱はようやく終息した。横浜市域の湾岸地域の郷村民にも、ようやく平和の時代が到来したのである。

第三節　小田原合戦への道

玉縄城領の郷村への負担

東京湾の海上防備のこともさることながら、横浜市域の内陸部の玉縄城領の戦国時代の状況は、どのような様相であったのか。史料を中心に年代を追って紹介してみたい。

まず、年代は不明ながら天文年間（一五三二～五五）初期の某年八月に、玉縄城主の北条為昌は神奈川郷の矢野右馬助に下総国古河城（茨城県古河市）の簗田氏に材木を一〇本届けるように命じていた。本牧岬の内陸部には自然林が繁茂しており、北条氏や蒔田城の吉良頼康も材木の供給源として森林の保護と育成に努めていた。神奈川湊は東京湾最深部の江戸湊（東京都中央区）から古利根川（現在の隅田川）を遡行して、関東平野の中央部入口になる古河城に到る海陸河川交通の要に位置していた。本牧郷は現在の中区本郷町を中心に本牧諸町に及んだ広大な郷村で、元は平子《たいらこ》郷と呼ばれていた。すでに第二章第三節で述べたとおり、伊勢宗瑞が当地に勢力を伸ばすと、旧領主の平子房長は越後国（新潟県）に去り、永正年間（一五〇四～

二一）には本牧郷と名前を改めたところである。

　天文十九年（一五五〇）四月に、北条氏康は本牧郷の郷高を五〇〇貫文と規定した。それに対して六％の額の懸銭（畠の耕作税）を賦課し、旧来からの雑税を廃止して百姓の負担を軽減した。ただし、人足役の陣夫・廻陣夫・大普請役と玉縄城米銭は免除とせず、賦課するとした。このように決めたので領主（知行主は北条綱成）や代官の不法を禁止させ、重税と不作で郷内から逃亡した百姓は、帰村し耕作に従事することと命じた。玉縄城米銭は玉縄城の使役した人足役などの支払い等に使用された。天正十五年（一五八七）四月には北条氏直が本牧浦に葛網の設置を許可し、捕獲した魚介類は玉縄城の北条氏勝に命じて小田原城に納めさせた。

　北条氏の基本政策では、全郷村に年貢米の他に、反銭・懸銭・棟別銭という基本三税が賦課されており、同じく人足役として大普請役・陣夫役・伝馬役等が賦課されていた。永禄八年（一五六五）五月の武蔵国駒林郷（港北区日吉本町）への北条氏政の文書では、春麦の収穫時期に合わせて正木棟別銭という新税目を賦課し、二貫六七八文の納税額に対して、三分一の八九三文は精銭（質の良い銭）で、残り一貫七八五文は麦で納めることと定め、麦は一七俵分を玉縄城に納めさせた。精銭は小田原城に納めることとしており、係奉行が銭が確かに精銭であるかを検査している。駒林の知行主は江間藤左衛門と市野弥次郎である。江間氏は伊豆国韮山城（静岡県伊豆の国市）城下の奈古屋を本拠とした鍛冶職の棟梁で、本牧郷にも知行を持っていたのは、軍船の鉄製の船具を設える役務のためと思われる。市野氏については、第一章第三節「北条氏信・氏光の軌跡」ですでに紹介しており、参照されたい。

元亀元年（一五七〇）八月には、北条氏康が武蔵国寺尾郷（神奈川区・鶴見区）の棟別銭と穀反銭の納入方法を指示し、棟別銭九貫六三八文は九月十日まで、穀反銭一六貫文は九月晦日までに双方共に玉縄城に米で納めよと命じた。合計二五貫文強で、米俵では約一〇〇俵分になる。寺尾の知行主は諏訪三河守で、こちらもすでに第二章第二節「寺尾城と諏訪氏」で紹介している。

元亀二年十二月の北条氏繁文書では、相模国村岡郷（戸塚区南西部から鎌倉市・藤沢市の一部）のうちの陣夫銭三貫文を興津弥四郎に納めさせている。興津弥四郎は駿河国今川氏真の旧臣興津摂津守の一族で、北条氏に仕えたのちは玉縄城の側近家臣として活躍した。

天正七年（一五七九）二月には、玉縄城主の北条氏舜が堀内康親に、武蔵国大谷郷（磯子区杉田）で五〇貫文の知行を宛行い、それに軍役を賦課して務めさせた。

このようにして玉縄城の支城領には、年貢の他に反銭・懸銭・棟別銭・玉縄城米銭等の各種の税目が賦課され、人足役も大普請役・陣夫など多かったから、郷村民の負担は例えようもなく大きなものであった。かてて加えて、五年に一度の玉縄城の修築に多くの人足と塀修築の部材を提供せねばならず、負担は重なるばかりとなった。

激戦地へ向かう玉縄衆

これまで、横浜市域の玉縄衆の東京湾海上防衛と内陸部の郷村支配について述べてきた。しかし、玉縄衆は海上防衛ばかりに専念していたわけではない。豪勇で鳴らした玉縄城主北条綱成・氏繁父子に率いられた玉縄衆は、小田原城当主の命令に従って、あらゆる陸上の合戦場でも勇猛ぶりを発揮して戦い続けたのである。それらの史料も数多く残っているが、ここでは横浜市域の玉縄衆の活躍を文書から拾って紹介してみよう。

北条氏綱の時代の大永六年（一五二六）十一月に、山内上杉憲寛と扇谷上杉朝興が玉縄城を攻めたが、籠もる北条勢に撃退された。玉縄衆の活躍の初見である。天文六年（一五三七）七月には、北条氏綱が扇谷上杉氏の武蔵国河越城（埼玉県川越市）を攻略し、北条為昌を城代に据え、玉縄城代に北条綱成を据えた。この当時は鎌倉の鶴岡八幡宮を修築中で、玉縄衆はこぞって造営工事の現場監督官として参加していた。その多忙な中で河越城攻めに参陣したのである。

北条氏康の時代には、弘治二年（一五五六）十一月に玉縄衆の小野寺長綱が上野国（群馬県）方面に出陣して戦功を立て、北条氏康から太刀を贈呈された。翌年六月には、武田信玄への加勢として北条綱成が信濃国上田（長野県上田市）に出陣し、信玄から感謝されている。永禄四年（一五六一）二月には、越後国の上杉謙信が関東に侵攻し、北条氏の小田原城めがけて進撃してきた。危険を察知した北条氏康は、蒔田城の吉良頼康を三浦半島東端の浦賀城に移すことを計画したが、上杉謙信と里見義豊が同盟して里見勢が渡海して浦賀城を攻める危険性が出たために、急遽、吉良頼康を玉縄城に移して北条綱成に護らせている。北条氏康が綱成を如何に信頼していたかがわかろう。

小田原城を攻めた上杉謙信は、鎌倉方面に侵攻したが、近在の玉縄城は攻められず、無事であった。この時には横浜市域の玉縄衆も、こぞって同城に籠城したことは想像に難くない。籠もった吉良勢は三〇〇人であった。しかし、玉縄城周辺では上杉勢との合戦があったらしく、玉縄衆の佐枝治部左衛門が活躍し、北条氏繁から知行として山内本郷（栄区）もしくは村岡郷内の地を宛行うと約束された。

永禄十二年（一五六九）に入ると、突如として武田信玄が北条氏政との同盟を破棄して、今川氏真の駿河国東部に侵攻を開始した。今川氏真を支援する北条氏政は、直ちに駿河国に進撃し、薩埵山（静岡県静岡市清水区）で武田信玄と対陣した。この時には北条綱成は武田勢を牽制するために駿河国深沢城（静岡県御殿場市）の城将として玉縄衆と共に籠城し、武田勢の相模国への侵攻を食い止めていた。薩埵山では武田勢との間で激戦が続き、同年二月二十八日には武田勢が玉縄衆の陣場の逆茂木（防御の柵）を切り払って攻め込んできたので、玉縄衆の武士で杉田の領主の間宮康俊が撃退し、北条氏政から感状を得ている。強敵の武田信玄を相手とした北条勢の主力が、北条氏繁の率いる横浜市域の武士たちであったと知る。玉縄城主の北条綱成の本隊は、松田憲秀と共に深沢城に籠城しており、軍勢は二手に分かれていたのである。やがて武田信玄の進撃は伊豆国北部方面に迫り、元亀元年（一五七〇）暮には北条勢は押されて駿河国東部から相模国境に後退した。北条氏繁の軍勢は箱根峠北部に位置する足柄城（南足柄市）に後退し、深沢城の後詰めとして籠城した。しかし、それもかなわず、翌年正月に深沢城は武田信玄の説得で開城し、北条綱成・松田憲秀は兵を引いて、相模国に帰国してしまった。元亀二年五月に、大谷郷の知行主の堀内康親は北条氏繁から、深沢城での籠城戦での苦労を賞されている。

天正二年（一五七四）四月に、北条氏政は玉縄城に帰国した北条綱成に出陣を命じたが、綱成が病気であるため、自身には留守番を命じた。綱成の軍勢は一〇〇人を足柄城に入れ、二〇人は綱成の身辺警護として残し、二〇〇人に出陣を命じた。今度の出陣地は武蔵国北部から上野国南部の利根川河畔である。この頃の玉縄衆は合計三二〇人程であったらしい。

さらに天正五年には、北条氏繁は常陸国(茨城県)の佐竹義重の北条領への侵攻を抑えるため、下総国飯沼城（逆井城＝茨城県坂東市）を築城し城代として移転した。飯沼城の城兵は玉縄衆が主力であったから、横浜市域の武士も飯沼城に籠もって国境の警護に当たったことであろう。同年五月には、瀬上太郎左衛門が飯沼城で苦労すれば、功績として引き立てると氏繁から約束されている。瀬上太郎左衛門は玉縄衆の武士である。北条氏繁は天正六年六月に飯沼城で死去した。跡は嫡男の北条氏舜が継ぐが、若くして死去したため、同十年からは弟氏勝が玉縄城主となり、飯沼城は留守番の守備兵が最後まで守り、同十八年七月、豊臣勢に降伏した。

天正十年五月に、飯沼城はそのまま残して玉縄衆が守備し、北条氏勝は玉縄城に帰国し、足柄城の警護に就いていた。同城の外郭の普請を氏勝の人足一〇〇〇人で施工しており、横浜市域の郷村の人足は、遠くの飯沼城や足柄城の普請に参加して苦労したと想像される。同年十月には、上野国の真田昌幸が氏直との同盟を破棄して敵対したため、北条氏直の命令で信濃国佐久郡（長野県佐久市周辺）の仕置きとして北条綱成が五〇〇〇人の軍勢を率いて出陣し、上野国西部の警護に就いた。今度も玉縄衆に属する横浜市域の武士の出陣である。この時の在城地は信濃国小諸城（長野県小諸市）であった。

天正十二年正月に、北条氏勝は今度は上野国厩橋城（群馬県前橋市）の当番頭に任命され、二月には同城の普請人足の管理者として上野国衆の人足を監視した。同年四月には下野国足利城（栃木県足利市）での佐竹勢との戦いに出陣し、佐枝与兵衛が戦功を立てて北条氏勝から感状を与えられた。佐枝氏は相模国山内本郷（栄区本郷台）の知行主である。

以上の如く玉縄衆は、北条氏当主の命じるままに、激戦地に出陣し活躍した。反対に見れば、如何に彼らが苦労を強いられたか、想像するだに多忙な軍団であったとわかる。

小田原合戦と北条氏勝

天正十五年（一五八七）に九州の島津氏を攻めて降伏させ、仕置きを終えた豊臣秀吉は、全国平定戦の目を関東に向けることとなる。北条氏直は徳川家康と同盟しており、豊臣秀吉と徳川家康も同盟していたから、比較的に氏直と秀吉との間は平穏であった。ところが、翌年には上野国沼田城（群馬県沼田市）の領有問題から、豊臣方の真田昌幸と氏直が抗争し、天正十七年暮に北条氏邦家臣の猪俣邦憲が真田方の名胡桃城（群馬県みなかみ町）を奪取したことから、豊臣秀吉の激怒を買って、ついに秀吉は北条攻めを決定して宣戦布告という事態になった。北条氏直は対応策として奥州の伊達政宗と同盟し、加勢を依頼すると共に、北条領内の軍勢を強化して城々の整備に努めさせた。北条氏の基本的な作戦計画は、籠城戦を敷いて諸大名の集合体である豊臣勢を分散させ、その上で城から出撃して各個撃破する。その間に徳川家康や伊達政宗の来援がくるであろうという希望的な甘い計画であった。

この天正十七年暮れの段階での、一〇〇か城に余る北条方の各城々の城主と軍勢の員数を書上げた文書が、豊臣方の大名家に四通ほど残っている。横浜市域関係の城では、北条氏勝の玉縄城は七〇〇騎と見えるが、肝心の小机城の名は四通共に見えない。最後の小机城主と目されている北条氏光は、上野国新田城（金山城＝群馬県太田市）の城主として記載されている。天正十八年四月から七月の小田原合戦の関係文書にも、玉縄城に関する記録は散見するものの、こと小机城に関する記録は皆無である。小田原合戦の時には、小机城はすでに廃城となり、使用されずに終始したものと思われる。

現在、小机城址のある丘陵から第三京浜国道を挟んだ小山には、豊臣秀吉陣所跡とする石碑が建っているが、豊臣勢が来襲した記録は一切無く、再考する必要があると思われる。北条氏光の小机城領関係の発給文書の終見は、天正十六年（一五八八）九月であることから、小田原合戦の寸前まで小机城は政庁として健在であったことは確実である。小田原合戦の時には小机衆の武士たちは、遠く上野国の金山城に籠城していた可能性が強い。

各地を転戦した玉縄城の武士たちは、小田原合戦でも激戦地に派遣される運命にあった。そこに到る間の玉縄衆の行動を追跡してみよう。天正十年頃には、上野国花輪城（簑輪城＝群馬県高崎市）に派遣されていた北条氏勝は、小田原合戦の時には玉縄城に帰国して城主を務めていた。

天正十八年正月に、武蔵国鴨井郷（緑区鴨居町）の郷民は、小田原城の普請として人足一人を派遣し、一〇日間の使役に服していた。その頃には、蒔田城の吉良氏朝・氏広父子と高橋郷左衛門尉は、遠く伊豆半島先端の下田城の守備を命じられて籠城した。豊臣秀吉配下の水軍が伊豆国西海岸に来襲すると予測されたことへの対応である。正月十七日には吉良氏朝の嫡男氏広が、家臣の江戸頼忠に下田城に籠城の苦労を賞するため、北条氏直が沼部（東京都大田区）

を知行地として宛行ったと知らせた。吉良氏重臣の高橋郷左衛門尉は同月二十日に北条氏直から、たとえ下田城で討ち死にしても嫡男久太郎に家督を相続させ、知行も与えるから安心せよと通告される。吉良勢はこぞって下田城に籠もったと判明する。二十一日には、北条氏直は金沢の称名寺に、郷内の田畑の管理を命じ、今年蒔く種籾と百姓の食扶持だけを残して、残りの米麦はすべて兵糧として提出させた。玉縄城に搬入されたと思われる。

この正月に、豊臣秀吉は配下の諸大名に北条攻めの参陣を命じ、総勢二四万の大軍を用意し、二月には出陣と決定した。先鋒は徳川家康の一〇万が関東に向かうと決められた。対する北条氏は総勢一〇万程と推定される軍勢が、一月から各城々に籠城するために行動を開始した。二月に入ると北条勢の各城への籠城が完了し、参加する軍勢の武将たちにも普請役が懸けられ決戦体制に入った。十日には玉縄城主の北条氏勝が重臣の堀内勝光に、氏勝は玉縄衆を率いて伊豆国山中城（静岡県三島市）に籠城するから、勝光に玉縄城の守備隊長を務めるよう命じた。山中城主は松田康長で、北条氏勝とは姻戚関係に当たる。横浜市域の武士たちも多く山中城に籠城した。

武蔵国杉田郷の知行主で笹下城の間宮康俊も、一族を率いて山中城に入り、同城の最前線に位置する岱之崎曲輪の守備についた。老齢の康俊は年齢を隠すため、髪を墨で染めて参陣したと伝える。二十五日には江戸衆に属した市郷の知行主の上原甚次郎は、足軽一〇人を率いて江戸城に籠城した。上原氏は四月には、江戸城の外郭周囲に構築した逆茂木の夜中の守備隊長として、遠山衆一〇〇人を指揮して活躍している。

三月一日には、いよいよ豊臣秀吉が京都を出陣し、参陣諸大名は集結地の駿河国沼津（静岡県沼津市）に集まりはじめた。玉縄衆の籠もる山中城からも見える至近距離である。討ち死にを覚悟した笹下城の間宮信親は、配下で雑色村（港南区）の知行主の内田対馬守・源左衛門父子に、懸命に働けば北条氏直に申告して名誉の賞として受領の拝領を約束すると伝えた。笹下周辺の武士たちも間宮康俊に引率され、山中城に籠城したと判明する。

豊臣秀吉が沼津に着陣した翌日の二十九日には、早速、七万の大軍の豊臣勢が夜明けから山中城に来襲した。間宮康俊は一族と配下二〇〇人を率いて防戦に努めたが、豊臣勢の大軍に囲まれ、正午過ぎには最後の突撃を敢行した後、全滅した。最前線の岱之崎曲輪は陥落し、その日の午後には本丸も落ちて松田康長も討ち死にし、二〇〇〇人余が討ち取られて山中城は陥落した。加勢の玉縄城主の北条氏勝は説得されて、落城間近に城を脱出し、玉縄城に帰還した。間宮康俊の娘は戦後に徳川家に仕え、康俊の供養に山中城三の丸址に宗閑寺を創建し、敵味方双方の武将の供養塔を建立した。現在も見学者が絶えない。宗閑は康俊の法号である。

四月には小田原城を完全に包囲した豊臣秀吉の大軍は、北条氏の支城の攻略に向かい、先鋒の徳川勢は鎌倉方面から江戸城方面に進撃していった。四月中旬まで玉縄城は健在であった。

禁制
武蔵国久良岐郡
宝生寺 并門前
一 軍勢甲乙人等濫妨狼藉事
一 放火事
一 対寺家門前非分之儀申懸事
右条々堅令停止訖、若於違犯之輩者忽可被処厳科者也
天正十八年四月 日

豊臣秀吉禁制　天正18年(1590)4月　南区堀ノ内町・宝生寺蔵　横浜市歴史博物館提供

関東八州諸城覚書には七〇〇騎が籠城と記されている。四月二十三日の豊臣秀吉文書には、玉縄城の北条氏勝が豊臣方の陣所に駆け込んで降伏し、命を助けて徳川家康に渡したと見える。榊原康政書状写には玉縄城は四月二十日の夕方に降伏したとある。北条氏勝は鎌倉から江戸城方面に進撃する徳川家康の陣所に降伏した可能性が強い。

玉縄城は開城して降伏したが、その直前まで北条氏の支城として機能していた証拠がある。北条氏勝は四月某日付けで武蔵国永田郷に、周辺に豊臣勢が侵攻してきて、郷民は意気消沈するであろうが、玉縄城は健在であるから安心せよと励まして田畑の耕作に専念させた。他方、関村（港南区笹下二丁目）の東樹院には、境内での郷民の乱暴を禁止させ、違反したら連帯責任として関村も含む笹下郷の民等を玉縄城から追放すると宣言している。この二通の文書が玉縄城の開城以前に出されたことは申すまでもない。一〇万を数える徳川勢に対して、玉縄城は七〇〇と全く戦にもならない劣勢の現実を北条氏勝は嘆いたものと思われる。横浜市域の小田原合戦の終焉であった。

小机衆の籠もった上野国箕輪城は豊臣方の前田利家・上杉景勝の率いる北国勢に攻められて、五月頃には陥落している。城主の北条氏光は助命され、七月に北条氏直と共に紀伊国高野山（和歌山県高野町）に追放され、直後の九月に死去した。

豊臣秀吉は関東に侵攻すると、進撃する過程で郷村民の請願により、多くの禁制を発給して郷村民の安全を保証した。その禁制は四月から六月にかけて北条氏の支配地域全体に発給されていた。数百通の多さであり、横浜市域の郷村に出された四月のものだけでも、金沢称名寺・寺前村（金沢区）、宝生寺と門前（南区堀ノ内町）、村岡郷（戸塚区ほか）、小机庄十一か所（港北区）、師岡保（港北区）、久良岐十二郷・杉田三か村（磯子区）、二俣川郷（旭区）、永田郷（南区）、千ヶ崎郷（都筑区）のものが確認されており、このことからも横浜市域の小田原合戦は、四月中にはほぼ終息していたと判明する。ほぼ一〇〇年間にわたる横浜の戦国時代の終焉であった。

あとがき

私は昭和十七年に東京都世田谷区の南端、多摩川に近い町で生まれた。そのため、幼い頃からしばしば横浜に行って遊んだ経験をもっている。その頃には市域の中心街には空襲の跡がまだ残っていたのを覚えている。縁あって昭和五十年代中頃から磯子区杉田に居住している。けっしてハマっ子ではない。新参者である。

横浜の歴史と言えば、吉田新田の開発、幕末の開港、居留地の生活に多くのページが割かれている。息子の中学校の歴史の副読本などにも「横浜の中世」にはほとんど記述が見られない。それでも、ようやく最近になって『図説横浜の歴史』(横浜市刊)や『横浜　歴史と文化』(有隣堂刊)等では中世の項目が相当のページ数を割いて記述されるようになり、嬉しく思っている。

その最初は、なんといっても『横浜市史』通史編(昭和三十三年刊)の発刊であり、その影響は計り知れない。ついで『神奈川県史』通史編(昭和五十四年刊)での成果も加わり、ようやく市域の戦国時代が浮き彫りになってきたと言える。

私が戦国時代に興味を持って研究しだしたのは大学時代で、最初は戦国時代の城郭に興味を持ったからである。港北区の小机城址や大船駅近くの玉縄城址を訪れたのは、昭和四十年代で、その頃に発会した後北条氏研究会の見学会であった。後北条氏を研究テーマにしたのは、私の生まれ故郷の戦国大名であったからに他ならない。

当時の横浜市関係の歴史書には、戦国時代の記述が希薄で、太田道灌や間宮氏などは時々出てはくるが、在地の武士たちは全くといっても過言ではないほどに登場してこなかったと思う。

しかし、けっして中世の時代に横浜市域に武士たちの生活や活動が無かったわけではなかった。その後、後北条氏の古文書を集めはじめてみると、横浜市域の武士に関わる文書が、それこそ陸続と発見されるにいたり、小机城や玉縄城と市域郷村の武士たちの関係がかなり明確になってきたのである。横浜市は人口の増加で、区割りも進んだ。そのため、特に私が残念に思うことに、中世から昭和年代まで存続した由緒ある郷村名が消えていき、新町名になっていくことである。いま、そのことを記しておかないと人々から由緒ある郷村名が所在不明になりかねないとも感じた。たとえば中世の駒林郷は昭和十二年に日吉本町と改称して駒林の地名は消滅してしまった。私が地名に留意するのは角川文化振興財団で『角川日本地名大辞典』の仕事を二十年間も務めたため、地名への思い入れが人一倍に強いのかもわからない。

本書を執筆するにあたっては、江戸時代の地誌である『新編武蔵風土記稿』（雄山閣刊）をかなり利用した。江戸時代の村の由緒の記録で戦国時代の郷村の所在地が判明し、本書にそれを活かすことができたのである。さらに村の旧家や寺や神社の記述から戦国時代の武士の菩提寺や墓所などの所在が判明し、旧家者の項目から戦国武士の子孫の系譜を拾い出すことができた。今回、それらの記述が現在の在地の寺社等に、存外と遺跡として遺っていることを発見し、本書に記すことができ、大きな喜びとなったのである。

それというのも、江戸幕府の地誌編纂係の担当者には後北条氏の武士の子孫がおり、彼等が自身の祖先の由緒を明らかにし、それを地誌に反映させたいと力を込めて調査した結果である。

それでも、本書に登場する横浜の戦国武士たちは主要な者たちであり、とてもすべてを紹介できたわけではない。私も今後、読者や研究者の力をお借りして調査・研究を続けていくつもりであり、記述の不充分な点はお許しをいただきたい。

本書をまとめるにあたっては有隣堂出版部の方々に原稿内容の指摘や整理等で大変なお世話になり、御礼を申しあげる次第である。

平成二十四年三月吉日

横浜の杉田にて　下山治久

主要参考文献（発刊年代順）

芦田伊人編『新編武蔵風土記稿』一～十二巻　雄山閣　昭和三十三年
横浜市『横浜市史』有隣堂　昭和三十三年
『神奈川県史』通史編原始・古代・中世　神奈川県　昭和四十八年
西ヶ谷恭弘著『神奈川の城』上・下巻　朝日ソノラマ　昭和四十八年
荻野三七彦著『吉良氏の研究』名著出版　昭和五十年
佐脇栄智著『後北条氏の基礎研究』吉川弘文館　昭和五十一年
萩原龍夫編『江戸氏の研究』名著出版　昭和五十二年
角川日本地名大辞典『神奈川県』角川書店　昭和五十九年
鈴木良一著『後北条氏』有隣堂　昭和六十三年
『図説　横浜の歴史』横浜市市民局　平成元年
杉山・下山・黒田編『戦国遺文・後北条氏編』一～七巻　東京堂出版　平成元年～八年
佐藤博信著『古河公方足利氏の研究』校倉書房　平成二年
『神奈川県姓氏家系大辞典』角川書店　平成五年

下山治久著『八王子城主・北条氏照』たましん地域文化財団　平成六年
黒田基樹著『戦国大名北条氏の領国支配』岩田書院　平成七年
『おだわら―歴史と文化』九号　小田原市　平成七年
下山治久著『小田原合戦』角川書店　平成八年
山本光正編『東海道神奈川宿の都市的展開』文献出版　平成八年
佐藤博信著『続中世東国の支配構造』思文閣出版　平成八年
黒田基樹著『戦国大名領国の支配構造』岩田書院　平成九年
『小田原市史』通史編・原始・古代・中世　小田原市　平成十年
佐脇栄智校注『小田原衆所領役帳』東京堂出版　平成十年
横浜開港資料館編『一〇〇年前の横浜・神奈川』有隣堂　平成十一年
下山治久著『北条早雲と家臣団』有隣堂　平成十一年
鈴木公雄著『出土銭貨の研究』東京大学出版会　平成十一年
佐藤博信著『江戸湾をめぐる中世』思文閣出版　平成十二年
黒田基樹著『戦国期東国の大名と国衆』岩田書院　平成十三年
黒田基樹著『扇谷上杉氏と太田道灌』岩田書院　平成十六年
下山治久編『後北条氏家臣団人名辞典』東京堂出版　平成十八年
『千葉県の歴史』通史編中世　千葉県　平成十九年
池・矢田編『増補改訂版・上杉氏年表』高志書院　平成十九年

市村高男著『東国の戦国合戦』吉川弘文館　平成二十一年
横浜市ふるさと歴史財団編『横浜　歴史と文化』有隣堂　平成二十一年
下山治久編『戦国時代年表・後北条氏編』東京堂出版　平成二十二年
佐藤博信編『玉縄北条氏関係史料集』千葉大学佐藤研究室　平成二十二年
武田氏研究会編『武田氏年表』高志書院　平成二十二年
盛本昌広著『中世南関東の港湾都市と流通』岩田書院　平成二十二年
峰岸・斎藤編『関東の名城を歩く―南関東編』吉川弘文館　平成二十三年
黒田基樹著『戦国関東の覇権戦争』洋泉社　平成二十三年

人名索引

《あ行》

《か行》

《な行》

《は行》

《ま行》

《や行》

《ら・わ行》

横浜の戦国武士たち

二〇一二年（平成二十四年）八月十日　初版第一刷発行
二〇一九年（平成三十一年）四月十日　初版第四刷発行

著者　下山治久

発行者——松信　裕
発行所——株式会社　有隣堂
本　社　横浜市中区伊勢佐木町一—四—一　郵便番号二三一—八六二三
出版部　横浜市戸塚区品濃町八八一—一六　郵便番号二四四—八五八五
電話〇四五—八二五—五五六三
印刷——図書印刷株式会社

ISBN978-4-89660-212-8 C0221

デザイン原案＝村上善男

有隣新書刊行のことば

国土がせまく人口の多いわが国においては、近来、交通、情報伝達手段がめざましく発達したためもあって、地方の人々の中央志向の傾向がますます強まっている。その結果、特色ある地方文化は、急速に浸蝕され、文化の均質化がいちじるしく進みつつある。その及ぶところ、生活意識、生活様式のみにとどまらず、政治、経済、社会、文化などのすべての分野で中央集権化が進み、生活の基盤であるはずの地域社会における連帯感が日に日に薄れ、孤独感が深まって行く。われわれは、このような状況のもとでこそ、社会の基礎的単位であるコミュニティの果たすべき役割を再認識するとともに、豊かで多様性に富む地方文化の維持発展に努めたいと思う。

古来の相模、武蔵の地を占める神奈川県は、中世にあっては、鎌倉が幕府政治の中心地となり、近代においては、横浜が開港場として西洋文化の窓口となるなど、日本史の流れの中でかずかずのスポットライトを浴びた。

有隣新書は、これらの個々の歴史的事象や、人間と自然とのかかわり合い、ときには、現代の地域社会が直面しつつある諸問題をとりあげながらも、広く全国的視野、普遍的観点から、時流におもねることなく地道に考え直し、人知の新しい地平線を望もうとする読者に日々の糧を贈ることを目的として企画された。

古人も言った、「徳は孤ならず必ず隣有り」と。有隣堂の社名は、この聖賢の言葉に由来する。われわれは、著者と読者の間に新しい知的チャンネルの生まれることを信じて、この辞句を冠した新書を刊行する。

一九七六年七月十日

有　隣　堂